François Heisbourg

LA FIN DE L'OCCIDENT ?

L'AMÉRIQUE, L'EUROPE ET LE MOYEN-ORIENT

Odile Jacob

15, rue Soufflot, 75005 Paris

ISBN : 2-7381-1570-5

www.odilejacob.fr

À la mémoire de Joseph Rovan
Bâtisseur de paix

Remerciements

Ce livre n'aurait pa vu le jour sans les conseils avisés et la patience de mon épouse, Elyette. Mes remerciements vont aussi à l'ensemble de l'équipe de recherche de la Fondation pour la Recherche Stratégique : la stimulation intellectuelle et les apports conceptuels et analytiques liés à l'activité de la FRS dans les domaines abordés dans ce livre ont grandement contribué au mûrissement de mes propres réflexions. L'observation s'étend plus généralement à celles et ceux qui m'ont fait part de leurs avis judicieux.

Un grand merci à Odile Jacob et Bernard Gotlieb dont la passion pour l'édition mais aussi pour la vie internationale aura été un soutien précieux.

Le rôle de mon assistante, Isabelle Locqueneux, aura été crucial, supportant avec une sérénité jamais démentie les tours et détours de la création de ce livre.

Enfin, mes pensées vont à mes jeunes fils, Emmanuel-Georges et Jean-David qui pourront, je l'espère accomplir leur vie d'adulte dans un monde plus attrayant que celui qui se présente à leurs aînés.

INTRODUCTION

À aucun moment depuis les grandes crises de la guerre froide, le monde n'a été plus près d'une confrontation planétaire. Par contraste avec les immenses défis de la guerre froide, la communauté internationale, et tout spécifiquement l'Europe, est particulièrement mal organisée pour faire face au choc annoncé. Ce choc est issu de la rencontre parfaitement évitable entre deux phénomènes de nature profondément différente. Le premier, c'est l'accroissement inéluctable des périls liés à la prolifération des armes de destruction massive d'une part, à l'acquisition de moyens de la violence extrême par des groupes non étatiques d'autre part. Cette menace-là, pour être sévère, n'est pas étonnante : ce qui l'est davantage, c'est le retard et souvent le peu d'empressement mis à y faire face, par nos sociétés et par nos États. Le second, c'est l'évolution de la politique étrangère et de sécurité des États-Unis qui a créé les conditions d'un choc des civilisations assez voisin du modèle développé naguère par Samuel Huntington[1]. Cependant, cette dérive-là n'était pas inévitable. Ensemble, ces évolutions convergent pour à la fois accroître le péril inhérent à chacune d'entre elles – le terrorisme de destruction de masse et le rejet violent de l'Occident par de larges masses dans le monde arabe et musulman. Elles limitent la capacité de nos États, notamment en Europe, à y faire face avec efficacité. Cette rencontre-là n'était pas la conséquence inéluctable de la fin de la guerre froide : mais cette dernière en a jeté les bases il y a déjà quinze ans.

L'affirmation pourra surprendre, la fin de la guerre froide ayant fait disparaître le risque d'une troisième guerre mondiale, cataclysme nucléaire qui aurait englouti l'Europe et ses habitants ; or avec l'effondrement de l'idéocratie soviétique, rien ne paraissait pouvoir interrompre la marche devenue triomphale de la démocratie politique et du libéralisme économique, double gage de l'apaisement supposé des relations internationales. Le jeu impartial combiné de l'expression démocratique et du marché régulerait les rapports politiques et économiques entre les peuples et les nations en lieu et place des idéologies et des volontarismes. Cette « fin de l'histoire » annoncée à l'époque par Francis Fukuyama [2] pouvait se résumer par la formule « les démocraties ne se font pas la guerre entre elles » et, d'une manière plus triviale, par la boutade : « Les pays dans lesquels sont installés des McDo' ne se font pas la guerre. » Si les cartes du libéralisme politique et du libéralisme économique ne coïncidaient pas exactement dans le temps et dans l'espace – ainsi la Chine a des McDo' sans être une démocratie, et l'Inde démocratique n'a pas de McDo' – les régulations de la démocratie et du marché devaient concourir *volens nolens* à la même fin pacificatrice. De fait, pendant la plus grande partie des années 1990, ces espoirs ne paraissaient pas tout à fait vains. La guerre du Golfe (janvier-février 1991) voyait ainsi s'affronter une communauté internationale largement unie contre un totalitarisme expansionniste « à l'ancienne » : si la coalition internationale ne comprenait certes pas que des démocraties, avec la large participation d'autocraties arabes (Égypte, monarchies du Golfe, Syrie...) contre le dictateur irakien, la direction du mouvement était imprimée par les démocraties, et par les pays qui aspiraient à rejoindre le monde libéral, avec notamment l'URSS en voie de dé-communisation.

Les guerres de succession de l'ex-Yougoslavie (1991-1999) allaient certes embraser à des degrés divers les républiques issues de l'éclatement de la fédération titiste. Mais là, l'image projetée était celle de conflits d'ajustement provoqués par l'effondrement d'un ensemble idéologique, la Yougoslavie communiste de Tito, incapable de durer en l'absence de la contrainte. Comme dans la guerre du Golfe, la modernité des uns – jeune démocratie slovène, combat défensif de la Sarajevo multiethnique – s'opposait aux combats d'arrière-garde de responsables communistes reconvertis dans un ultranationalisme plus typique de la moitié du XXe siècle que de la seconde. Slobodan Milosevic en Serbie et Franjo Tudjman en Croatie étaient condamnés par la marche inexorable de la fin de l'histoire. Observons au passage qu'en 1999 apparaissait la première entorse à la boutade sur le pays où sont installés des McDo' : la guerre aérienne de l'OTAN contre la Serbie en 1999 vit l'arrêt (provisoire) de l'activité de McDo' à Belgrade.

Fukuyama récusé et adopté par l'Europe

L'optimisme des néohégéliens comme Fukuyama, qui avaient trouvé avec le triomphe de la démocratie et du marché « leur » fin de l'histoire – là où leur maître, Hegel, avait vu la fin de l'histoire avec le triomphe de l'État napoléonien – devait certes être tempéré par le désordre persistant du monde : génocide rwandais et guerres des Grands Lacs en Afrique, tensions persistantes au Moyen-Orient que n'avaient pas suffi à apaiser les accords israélo-palestiniens d'Oslo, risques de prolifération des armes de destruction massive. Mais ces conflits pouvaient être appréciés comme des manifestations de l'incomplétude du triomphe libéral ou comme des « crises de croissance » des progrès de la modernité. En particulier, vue d'Europe, la période était porteuse des plus grands espoirs, nonobstant notre impuissance initiale et notre retard à empêcher ou à limiter les guerres de l'ex-Yougoslavie, avec leur cortège d'horreurs.

Partout dans le monde occidental, les budgets militaires étaient fortement réduits par rapport aux sommets atteints peu avant la fin de la guerre froide, avec une baisse de 40 % en pouvoir d'achat aux États-Unis, comme dans les pays européens de l'OTAN. En parallèle, l'Union européenne franchissait des étapes historiques, avec la création de la monnaie commune et avec l'élargissement de l'Europe depuis 12 membres à la fin de la guerre froide jusqu'à l'Europe des 25 en 2004, en attendant celle à 30 ou 32, regroupant ainsi la grande majorité des peuples de notre continent. L'OTAN avait certes, et pour la première fois, à faire la guerre

– modestement en Bosnie en 1995, substantiellement au Kosovo en 1999 – mais son rôle politique prenait les devants, avec, là aussi, un processus d'extension la portant aux frontières de la Moscovie. L'Union et l'OTAN contribuaient à créer sur l'ensemble de l'Europe une zone de paix, de droit, et de prospérité : ce qu'un commentateur néoconservateur américain, Robert Kagan[3] a appelé le « paradis kantien ». La formule se voulait persiflage plutôt que compliment, mais le fait est que les rêves de paix perpétuelle du philosophe de Königsberg ont été remarquablement matérialisés au fil des décennies sur une part croissante de notre continent à travers les valeurs porteuses du processus de construction européenne. Le caractère d'ennui qui se dégage du projet européen, et qui n'est pas pour rien dans l'indifférence des électeurs, s'explique pour partie par l'heureuse absence de toute dimension belliqueuse, et donc épique, de l'entreprise...

Les penseurs et commentateurs européens n'ont généralement pas souscrit à la thèse de Francis Fukuyama. Les intellectuels européens, après la longue domination de la vulgate marxienne, étaient largement revenus des idéologies déterministes d'inspiration platonicienne, qu'elles soient portées par Hegel ou Marx. Le retour de François Furet sur le legs révolutionnaire français et russe signalait le triomphe tardif de Raymond Aron ; la rude expérience de la faillite humaine, économique, politique et en finale philosophique de l'épopée marxiste (et hégélienne), n'incite pas à souscrire à nouveau sans autre forme de procès à une nouvelle déclinaison d'un « avenir radieux », fût-il celui du libéralisme politique et économique promis par Fukuyama. Placés aux premières loges des tensions balkaniques, proche-orientales et africaines, les Européens avaient un point de vue au sens cinématographique du terme, différent de celui des Américains : le sentiment tragique de l'histoire continue de prévaloir en Europe. Pourtant, et ce n'est pas le moindre des paradoxes, les Européens réalisent, dans l'espace qui est le leur, un projet voisin dans son esprit comme dans sa matérialisation, de la *Weltanschauung* de Fukuyama – et ce alors même que les États-Unis s'inscrivent de plus en plus clairement dans une logique de choc des civilisations : Huntington plutôt que Fukuyama du côté américain ; un juste milieu aristotélicien et kantien plutôt qu'un projet platonicien du côté européen. Ce décalage entre Européens et Américains est l'une des clés de leurs différends actuels. D'un côté, une Amérique déterminée à défendre à tout prix ses positions dans un monde perçu comme toujours plus menaçant, avec en contrepoint la mise en route d'une prophétie autoréalisatrice dans laquelle le paranoïaque crée, ou pour le moins nourrit, l'inimitié qu'il dénonce – au risque de compromettre la poursuite du projet démocratique et libéral dont Washington se veut porteur ; de l'autre, une Europe qui ne prétend pas nourrir un grand projet de remodelage de la planète, mais dont l'être et le développement sont porteurs de fait d'un tel projet mais sans se donner les moyens d'en gérer les conséquences stratégiques sur son territoire comme dans son étranger proche. La juxtaposition de ces deux grandes évolutions en sens contraire débouche sur un nouveau « grand schisme d'Occident », qui compromet à son tour la capacité des uns (les Américains) et des autres (les Européens) d'assurer d'abord leur sécurité et à terme leur prospérité future.

Comme toujours dans le devenir des sociétés humaines, c'est par l'examen d'un passé plus ou moins récent que l'on pourra donner du sens et mesurer les implications aux évolutions en cours. Des éléments de ce passé seront rappelés dans les chapitres qui suivent, notamment les effets actuels et l'interaction de l'exceptionalisme américain aux racines déjà anciennes – la nation américaine n'est pas si jeune qu'elle et nous sommes parfois tentés de le croire – et du trauma profond et durable causé en et par l'Europe par les totalitarismes du XXe siècle court (1914-1989), spécialement les ondes de choc du fascisme génocidaire de l'Allemagne nazie et de ses compagnons de route. À ce stade, l'on s'en tiendra aux conséquences stratégiques qui résultent de la fin de la guerre froide, qui meublent l'avant-scène de l'« étrange catastrophe ».

Une seule superpuissance, pas une hyperpuissance

Tout d'abord, depuis l'effondrement de l'Empire soviétique, les États-Unis sont la seule superpuissance. L'observation est banale, mais ses implications sont plus complexes. Il a fallu attendre septembre 2002 pour que figure explicitement dans la doctrine de sécurité américaine [4] l'affirmation que la préservation de ce statut unique est un intérêt vital des États-Unis. La prévention de l'émergence d'un concurrent cherchant la parité (*peer competitor*) avec les États-Unis est désormais un objectif de la politique américaine. Ceci est généralement interprété comme pouvant viser la Chine, et tel pourrait bien être le cas d'ici quinze à vingt ans ; mais il y a aussi un autre corollaire potentiel, avec l'émergence d'une Europe puissante qui ne serait pas dans l'intérêt stratégique des États-Unis. Pendant les années 1990, les États-Unis n'avaient guère à craindre d'une Chine encore loin de posséder les attributs d'une puissance mondiale, et ils avaient un intérêt réel à travailler avec l'Europe face aux guerres dans les Balkans qui menaçaient leurs positions stratégiques en Méditerranée orientale. Désormais, ce qui était une simple donnée de fait dès 1989 est devenu une position à défendre. Cependant, superpuissance ne signifie pas toute-puissance. L'expression d'hyperpuissance, mise en exergue par Hubert Védrine en 1998, est trompeuse à cet égard. Pendant la guerre froide, les États-Unis ne pouvaient pas tout faire : ni battre l'insurrection communiste au Viêtnam, ni amener la France gaullienne à résipiscence, ni même renverser Fidel Castro. En partie, cela était la conséquence de l'existence d'une autre superpuissance : l'URSS, livrant ses armes au Nord Viêtnam et au Viêt-công, et protégeant Cuba ; ou encore, la nécessité de ménager la France plus utile en allié difficile que comme antagoniste à briser à tout prix. La guerre froide avait cependant d'autres conséquences : ainsi, la France elle-même n'allait pas rompre avec les États-Unis qui demeuraient son « grand arrière » stratégique. La crainte de l'URSS facilitait le maintien des États-Unis au pivot d'un système d'alliance préservant la sécurité des États industrialisés d'Europe occidentale et de l'Asie-Pacifique. Désormais, ces inhibitions-là sont largement levées. La crainte de l'ours moscovite ne calme plus les contestataires. Quant à Fidel Castro, il est toujours là.

Non seulement la superpuissance n'a jamais tout permis, même au cœur de l'avantage militaire écrasant que possèdent en Irak aujourd'hui, et que possédaient face aux Vietnamiens jadis, les États-Unis. Surtout, le fait d'être la seule superpuissance autorise tous les rejets, toutes les insubordinations. Cela ne conduit pas forcément au « monde multipolaire » cher à la diplomatie française, car les intérêts particuliers des pays comme la France, la Chine ou l'Inde sont trop hétérogènes pour constituer un ensemble stable et cohérent. En revanche, la réunion fluctuante et instable de tous les mécontentements s'en trouve encouragée et avivée. Le passage au statut de seule superpuissance devient ainsi un élément de perte d'influence. Cette potentialité devient réalité d'autant plus facilement que la superpuissance aura manifesté à l'égard de ses alliés de l'indifférence, et *a fortiori* de l'hostilité. Le discours unilatéraliste des néoconservateurs, repris par l'administration Bush aura eu ce résultat. La guerre d'Irak, avec sa fracture de l'Occident et notamment de l'Alliance atlantique, fait à cet égard contraste avec la guerre du Golfe, pendant laquelle Washington avait le souci de rassembler des partenaires qui avaient de surcroît conservé les habitudes coopératives héritées d'une guerre froide encore toute récente.

La mission détermine la coalition : la fin stratégique de l'OTAN

La disparition de la menace soviétique a cédé la place à un paysage stratégique face auquel les alliances militaires héritées de la guerre froide ne sont plus les outils idéaux pour faire face aux nouveaux défis, et ceci pour plusieurs raisons.

L'Organisation du Traité de l'Atlantique Nord était la clé de voûte de la sécurité du monde occidental pendant les quarante ans de la confrontation Est-Ouest. L'Europe centrale était le pivot stratégique de cette lutte dont le continent européen était aussi le principal enjeu politique. D'autres théâtres d'opérations avaient certes leur importance : les guerres de Corée ou du Viêtnam et les conflits Est-Ouest indirects en Afrique n'étaient pas mineurs, notamment pour les habitants de ces contrées et pour les troupes étrangères qui y étaient impliquées. Cependant, pour Washington comme pour Moscou, il s'agissait de zones de friction périphériques : le simple fait que l'on se permettait d'y faire la guerre ouvertement montrait bien que les superpuissances ne les jugeaient pas suffisamment importantes pour y faire jouer l'équilibre de la terreur.

À l'inverse, l'Europe était de façon permanente au cœur des priorités doctrinales et stratégiques. L'effort et la posture militaires de Moscou et de Washington étaient articulés autour de cet enjeu, en liaison avec les membres de l'OTAN et du Pacte de Varsovie. Si le Pacte de Varsovie avait rapidement disparu dès avant la fin de l'URSS, l'OTAN a survécu malgré la disparition des conditions stratégiques qui avaient présidé à sa naissance en 1949, démentant bien des analyses formulées au moment de la disparition du rideau de fer. Les guerres de succession de Yougoslavie ont à cet égard joué un rôle essentiel, en l'absence de toute autre organisation capable de porter un coup d'arrêt aux offensives serbes en Bosnie et aux exactions de Belgrade au Kosovo. L'ONU ayant échoué en Bosnie, et l'Union européenne n'ayant à l'époque aucune consistance en matière de défense, c'est l'OTAN qui tira, au demeurant tardivement, les marrons du feu. En même temps, l'Alliance atlantique avait su se « réinventer » comme outil politique de promotion de la stabilité et de la démocratisation dans les pays ex-communistes.

L'image projetée par l'OTAN à la fin des années 1990 était ainsi celle d'une reprise sous de nouveaux auspices de sa centralité stratégique en Europe. Cependant, la réalité de son rôle d'acteur militaire décisif dans les Balkans n'a pu longtemps masquer une autre réalité, plus durable et plus significative pour l'avenir. En effet, les nouveaux défis à la sécurité internationale (les guerres d'Afrique, la tension moyen-orientale, les risques de prolifération des armes de destruction massive, l'avènement du terrorisme d'Al Qaïda, la montée de la Chine) ne se prêtaient guère aux savoir-faire et au caractère institutionnalisé de l'OTAN. En outre, les priorités stratégiques américaines se déplaçaient de façon croissante vers l'Asie orientale et le Moyen-Orient. Aussi, l'OTAN est-elle devenue marginale au niveau stratégique dans l'organisation et la doctrine militaires américaines. Dès le milieu des années 1990, et malgré les guerres balkaniques, moins de 10 % des forces américaines étaient affectées pour emploi dans le cadre du commandement européen (EUCOM) du Pentagone, dont le responsable est également le chef militaire de l'OTAN en Europe (SACEUR, *Supreme Allied Commander Europe*). Avec les réformes militaires annoncées par George W. Bush en août 2004, ce pourcentage passera à moins de 3 %.

Pendant la guerre du Kosovo, il y eut de virulentes disputes entre le SACEUR, responsable de la conduite des opérations, et le haut commandement militaire de Washington (les *Joint Chiefs of Staff*, JCS), ce dernier voulant éviter de dégarnir les autres théâtres d'opérations. Avant même l'élection du président Bush, il était clair que la guerre du Kosovo avait été la première et la dernière grande guerre conduite par l'OTAN en tant que telle. À l'avenir, quand des forces américaines seront en jeu de manière substantielle, le commandement sera directement américain, comme il le fut (et l'est encore) dans les opérations internationales anti-Taliban et anti-Al Qaïda en Afghanistan, et *a fortiori* dans la guerre américaine d'Irak. Autrement dit, dans un monde où les menaces sont multiformes et fluctuantes, l'OTAN peut encore exister pour toutes sortes de raisons, mais au plan stratégique, la meilleure description est celle fournie par Donald Rumsfeld peu après les attaques du 11 septembre : « C'est la mission qui détermine la coalition. » Si pour certains responsables américains, il pouvait aussi s'agir d'un souhait, ce n'en est pas moins d'abord une réalité par rapport à laquelle il convient de s'adapter et s'organiser.

L'Europe en marge

Autre grande évolution, la marginalisation stratégique de l'Europe, liée d'abord à la fin de la guerre froide, mais aussi à l'atténuation des conflits militaires dans les Balkans. Le mot « marginalisation » est ici employé de façon neutre, voire positive. C'est une réalité inhabituelle et bien agréable de voir l'Europe libre de toute grande guerre conventionnelle ou d'une menace d'invasion cataclysmique comme celle qui avait pesé tout au long de la guerre froide. Les plans de guerre soviétiques, bien connus depuis l'ouverture d'archives dans de nombreux pays ex-communistes, témoignent de ce danger désormais révolu. Même si l'URSS était dans l'ensemble une puissance de *statu quo* stratégique en Europe après 1949, on sait aujourd'hui qu'elle n'a pas hésité à flirter avec le bord du gouffre quand elle croyait ce *statu quo* menacé, y compris pendant les années 1983-1984 qui virent la mise en alerte des moyens stratégiques soviétiques pendant la crise des euromissiles.

On ne se plaindra pas de cette marginalisation-là, qui n'empêche pas, bien au contraire, l'Europe de se hisser au-devant de la scène au plan politique ou économique, pour peu qu'elle veuille s'en donner les moyens. Cependant, le fait que l'Europe ne figure pas au centre des préoccupations militaires américaines entraîne une conséquence potentiellement néfaste. En effet, pendant la guerre froide comme pendant la période des conflits yougoslaves, l'intérêt stratégique américain était de choisir en dernière analyse une Europe cohérente et unie, de préférence dans le cadre de l'Alliance atlantique, mais aussi dans celui de l'Union européenne. Cela n'allait pas toujours de soi, mais la résultante était bien celle-là. Aujourd'hui, il est possible que les États-Unis puissent considérer qu'une OTAN ou une Union européenne unies soient dans leur intérêt : mais au plan strictement stratégique, il ne s'agit plus d'une donnée stratégique permanente. Dès lors que la « mission détermine la coalition », l'occasion déterminera l'existence ou l'absence d'un soutien américain à l'unité des alliés européens. Celle-ci n'est plus un bien stratégique en soi mais une simple question d'opportunité plus ou moins immédiate. Au pire, et le pire s'est parfois manifesté après l'investiture en 2001 du président Bush, l'unité des Européens doit être activement combattue.

Pour les Européens, cette évolution est d'autant plus significative que le paradis kantien s'élargit rapidement, accroissant les difficultés d'adaptation de l'Union européenne à l'adhésion d'un nombre élevé de nouveaux États membres. Le processus d'élargissement a déjà reculé les limites de la sécurité européenne à la frontière des Balkans, de l'ex-URSS et de l'Ukraine. Dans quelques années, l'adhésion de la Bulgarie, de la Roumanie et de la Croatie rendra l'Union pleinement comptable de fait de la sécurité dans des pays balkaniques, loin d'être apaisés, même si des guerres à l'échelle des années 1991-1999 y sont relativement peu probables. Au-delà de ce défi déjà non négligeable, se profile l'adhésion d'ici dix à douze ans de la Turquie, déplaçant les portes du jardin kantien aux sources du Tigre et de l'Euphrate, aux confins du Caucase, de l'Iran et du Levant. Une Amérique plus distante et des responsabilités régionales plus lourdes : voilà ce qui attend les Européens, alors même qu'ils peinent assez naturellement à digérer leur « big bang » institutionnel et politique.

Cette nouvelle donne issue du basculement stratégique symbolisé par la chute du mur de Berlin dans la nuit du 9 au 10 novembre 1989, le « 9-11 » des Européens[5], n'est pas apparue du jour au lendemain, les guerres de succession de Yougoslavie ayant joué un rôle de retardement. Il a fallu en fait attendre les attaques du 11 septembre 2001 aux États-Unis, le « 9/11 » des Américains, pour que tous les éléments du nouveau puzzle commencent à se rassembler et à s'ajuster clairement. Naturellement, les manifestations spécifiques de certains de ces éléments du nouveau paysage stratégique ont été fortement influencées par les actions et les idéologies des acteurs : il est ainsi assez vraisemblable que la politique d'une hypothétique administration Gore-Lieberman n'aurait pas été assortie d'une crise transatlantique aussi dure et aussi profonde que celle qui a caractérisé les décisions et les attitudes de l'administration Bush-Cheney venue aux affaires en janvier 2001. Cependant, les grandes évolutions décrites ici sont largement indépendantes de la volonté de tel ou tel groupe politique. Ces « meubles stratégiques » de notre avant-scène ne disparaîtront pas du simple fait qu'entrent ou que sortent les acteurs du moment. La même remarque s'applique aux acteurs non européens : les Asiatiques sont confrontés aux mêmes tendances lourdes qui ne sont pas l'invention éphémère de tel ou tel clan washingtonien.

Reste à planter et à détailler l'élément central du décor, à savoir la nouvelle montée des périls avec la convergence de la prolifération des armes de destruction massive et la capacité de groupes non étatiques à accéder aux outils de la violence de destruction de masse.

CHAPITRE PREMIER

L'avènement de l'hyperterrorisme

Dans les heures qui avaient suivi les attaques du 11 septembre 2001 était apparue la nécessité de désigner un phénomène sans précédent. De toute évidence, plusieurs milliers de personnes avaient péri et les dégâts matériels à New York atteignaient ceux qu'aurait pu infliger une petite charge nucléaire, le tout porté quasi instantanément devant le regard de plusieurs milliards de personnes. Le mot « terrorisme » était sans doute exact mais ne rendait pas compte du saut opéré dans l'horrible et le spectaculaire. La qualification d'« acte de guerre », pour justifiée qu'elle ait été du fait de l'échelle et de l'intention manifeste des attaques, renvoyait à l'action d'armées nationales en opérations, très différente de celle d'un groupe terroriste ne disposant pas des moyens d'un État et n'en possédant pas les caractéristiques, même virtuellement. Dans ces circonstances est né le terme d'« hyperterrorisme ».

Si la superpuissance américaine n'est pas devenue hyperpuissance par la seule vertu de son caractère unique, l'action du 11 septembre a bien révélé un « hyperterrorisme » différent de par son ampleur et sa résonance de tout ce qui avait pu exister auparavant.

En s'en tenant au seul bilan humain, les 2 973 morts du 11 septembre représentaient près de dix fois le nombre de morts de l'attentat le plus meurtrier enregistré jusque-là, à savoir, les 329 morts d'un Boeing 747 d'Air India détruit en vol au large de l'Irlande le 23 juin 1985 par une bombe déposée par des terroristes d'une organisation indépendantiste sikh. Il y a bien eu changement d'ordre de grandeur, au sens mathématique, sans parler des autres aspects, matériels et médiatiques, encore plus « novateurs » du 11 septembre 2001. Toute la question est de savoir si le « 9/11 » américain était un coup dont la réédition serait peu probable tant du fait du concours de circonstances réuni ce jour-là que des mesures de prévention mises en place par la suite – ou si l'hyperterrorisme du 11 septembre ouvrait une nouvelle période dans l'histoire de l'humanité.

L'interrogation sur le caractère exceptionnel de la réussite du 11 septembre est légitime. La très grande complexité du « 9/11 » et donc, sa vulnérabilité aux coups du hasard, sinon à ceux des services de sécurité, plaiderait pour la nature difficilement reproductible d'une telle opération : pas impossible mais pour le moins extraordinairement improbable au regard de lois de la statistique. En effet, les organisateurs ont eu de la chance dans la mise en œuvre de leur attaque. Trois des quatre avions dans lesquels embarquaient les terroristes étaient partis à peu près à l'heure : tout voyageur appréciera que tel n'est pas toujours le cas, même si les terroristes avaient mis la chance de leur côté en visant des avions supposés décoller en début de journée. Plus en amont, l'organisation d'un quadruple détournement synchronisé supposait d'importants préparatifs en matière de renseignement (sur les vols, les avions, les aéroports), de logistique (financement et accueil des terroristes), de sélection et de formation des « équipages ». L'ensemble mettait à rude épreuve la sécurité opérationnelle de l'entreprise d'Al Qaïda. L'absence de trahison ou pour le moins d'indiscrétion ou d'imprudence révélatrice n'était pas évidente, d'autant plus que le début des préparatifs remontait à plus de deux ans et demi en amont. C'est le temps qu'il a fallu pour procéder à l'identification, à la motivation, à la sélection et à la formation des responsables directs de l'attaque. C'est aussi une autre façon de dire que les grandes opérations d'Al Qaïda ne visent généralement pas directement tel ou tel responsable politique, ni même telle ou telle politique spécifique du pays visé. Le président Clinton, et non le président Bush, était à la tête de l'Exécutif américain pendant ces préparatifs.

Cette impression de non-reproductibilité du « 9/11 » ne serait cependant que partiellement exacte, comme le montrent deux autres exemples d'une complexité non moins grande. En commençant par un événement encore à vif dans toutes les mémoires, il y a l'attentat du 11 mars 2004 à Madrid, le « 11 M » espagnol. Alors même que les services de renseignement et de police étaient supposés être mobilisés dans la lutte contre Al Qaïda, le « franchisé » local d'Al Qaïda a monté un attentat d'une complexité encore plus grande que le 11 septembre. Treize bombes déposées dans quatre trains de banlieue et devant être détonées simultanément par un dispositif de télécommande actionné par téléphone portable. Avec 191 morts, et environ 1 500 blessés, le bilan humain était lourd. Cependant, du fait de petits retards sur l'horaire au moment de l'explosion, aucun des trains n'était entré dans la gare d'Atocha où les éclats de verre auraient sans doute très fortement alourdi le bilan. De plus, l'une des bombes n'avait pas fonctionné.

C'est sans doute aussi une complexité excessive, consommatrice de temps, qui a pu conduire au « démontage » d'un très grand attentat prévu par Al Qaïda à Singapour à la fin de 2001 : sept explosions simultanées mettant en œuvre 21 tonnes d'explosifs. Les auteurs putatifs furent appréhendés alors qu'ils en avaient rassemblé 4 tonnes. À titre de comparaison, le terrible attentat d'Oklahoma City (168 morts) de 1995 avait été mené avec le dixième de cette quantité... Même en période de forte pression policière, la complexité reste un choix opérationnel accessible aux responsables d'actions terroristes malgré toutes ces difficultés, d'autant que la capacité d'innovation des auteurs d'actes terroristes a été jusqu'à présent au moins égale à celle des responsables de la prévention et de la répression de leurs forfaits. Dans son rapport, la Commission d'enquête bipartisane sur le « 9/11 », insiste au demeurant sur le caractère durable et majeur de la menace que représente le terrorisme de destruction de masse[1].

En remontant près de trente-cinq ans en arrière, l'on trouvera un attentat d'une complexité alors inégalée, qui eut à l'époque un très fort impact médiatique et politique, perpétré là encore à un moment où tous les services de sécurité étaient sensibilisés. Il s'agissait du détournement synchronisé, le 6 septembre 1970, de quatre avions de quatre lignes aériennes en provenance de quatre aéroports différents. Trois appareils[2] furent rassemblés par le Front populaire de libération de la Palestine sur le site de Dawson Field dans le désert jordanien, le quatrième avion étant détourné vers

Le Caire. Un cinquième avion fut détourné de Londres le 9 septembre. L'opération, dont le but principal n'était pas de tuer, visait à obtenir un impact médiatique maximal en provoquant la destruction devant les caméras de télévision des avions préalablement vidés de leurs occupants. Ceci fut réalisé le 12 septembre, le temps de rassembler les représentants des médias sur le site. À l'époque, la technique ne permettait pas la diffusion universelle, simultanée et en temps réel des images. L'effet recherché fut cependant obtenu. Cet attentat, ainsi que les détournements d'avions très médiatisés de Leila Khaled, contribuèrent à porter la « question palestinienne » sur le devant de la scène internationale. En exportant sa violence, le Moyen-Orient avait capté l'attention de tous.

Il n'est pas évident que Yasser Arafat aurait été invité à s'exprimer à la tribune de l'Assemblée générale en septembre 1974 sans une médiatisation de la cause palestinienne à travers des actions terroristes plus (les onze athlètes israéliens tués aux Jeux Olympiques de Munich en 1972) ou moins (Dawson Field) sanglantes, mais toujours spectaculaires. Cette perception de l'efficacité du terrorisme palestinien a pu jouer un rôle d'inspiration pour d'autres groupes.

Si l'on a évoqué l'opération de Dawson Field, c'est parce qu'elle montre d'abord que le montage de grandes opérations terroristes complexes n'est pas nouveau. Si le Front populaire de libération de la Palestine avait eu les mêmes mobiles qu'Al Qaïda, les avions détournés auraient permis de réaliser l'équivalent d'un « 9/11 ». De surcroît, ces détournements avaient été opérés en période de grande vigilance. En effet, l'usage des portiques de sécurité était devenu la norme dans les aéroports à la fin des années 1960 du fait des détournements à répétition d'avions à partir de 1967-1968 : 27 *sky jackings* pour employer le néologisme inventé à l'époque avaient eu lieu entre Cuba et les États-Unis en 1968, cependant que 82 tentatives de détournement eurent lieu dans le monde en 1969, avec l'avènement des détournements palestiniens. Autrement dit, le « 9/11 » n'était pas, en termes de sécurité aéroportuaire, un moment fondateur, même s'il a contribué à alourdir les dispositifs de sécurité.

Le passage aux armes de destruction de masse

La complexité sera parfois choisie par sens du défi, mais le sens commun suggère que la simplicité soit préférée par les organisateurs d'actions terroristes si elle permet d'obtenir le même résultat spectaculaire. C'est ici qu'entre dans l'équation hyperterroriste l'organisation d'attentats mettant en œuvre des moyens dédiés de destruction massive : armes chimiques, biologiques, radiologiques, nucléaires... Rassemblés sous l'acronyme « NRBC », ces moyens, fort différents les uns des autres[3], visent à obtenir un effet de destruction ou de perturbation de masse, inhérent aux caractéristiques mêmes de ces armes. Jusqu'aux années 1980, seuls les États avaient accès à de telles armes, et tel est toujours le cas des armes nucléaires. Depuis lors, les armes biologiques, chimiques et radiologiques sont progressivement entrées dans les calculs de groupes non étatiques, même si leur emploi opérationnel est demeuré limité.

L'arme chimique a été fabriquée et mise en œuvre par la secte Aoum au Japon à deux reprises. Le gaz de combat sarin a servi à Matsumoto en 1994, à titre d'essai mais aussi de représailles contre 3 magistrats, faisant 7 morts. Surtout, il y eut l'attentat du métro de Tokyo le 20 mars 1995, avec ses 12 morts et plusieurs milliers de personnes intoxiquées à des degrés divers. Il est à noter que la secte Aoum avait elle-même fabriqué le gaz, apparemment sans dépendre de vols ou de transferts de technologies extérieurs.

Par la suite, des tentatives de synthèse de toxines (substances chimiques issues du vivant) telles que la ricine et la botuline, ont été effectuées par des groupes islamiques au Royaume-Uni et en France. Dans le domaine biologique, la secte Rajneeshee avait en 1984 incommodé plusieurs centaines d'habitants d'une petite ville de l'Oregon en répandant des salmonelles.

Il y eut ensuite les tentatives de culture et d'emploi de bacilles de charbon par la secte Aoum dans un ranch australien puis à Tokyo en 1993 : l'échec fut fort heureusement total dans ce domaine, comme dans celui de la synthèse de la botuline.

L'attaque biologique la plus marquante reste celle dite d'*Ameranthrax* en septembre-octobre 2001 aux États-Unis. Le responsable – l'hypothèse centrale demeure celle d'une action d'un homme solitaire – adressait à ses victimes des enveloppes remplies de souches militarisées extrêmement pures d'anthrax charbonneux accompagnées d'un texte précisant la nature de l'attaque. Dûment avertis, les destinataires de ces lettres, responsables politiques et médiatiques, purent être soignés en temps utile. L'intention d'*Ameranthrax* était donc de perturber, et non de détruire, massivement. Bien qu'ayant visiblement une grande expertise professionnelle dans le domaine biologique, l'auteur des attentats avait lui-même sous-estimé les performances techniques des souches employées ; ainsi, 5 personnes – employés des postes et autres personnes ayant eu un contact, même de seconde main, avec le courrier contaminé –, furent tuées par ricochet. La perturbation fut quant à elle grande : Chambre des Représentants fermée pendant plusieurs jours, plusieurs milliards de dollars dépensés en frais de prévention, de décontamination et de soins aux États-Unis, auxquels s'ajoute le coût des innombrables fausses alertes de par le monde. En France, il y en eut ainsi 2 285 en octobre 2001, ce qui eut au moins le bénéfice imprévu de permettre d'évaluer la capacité de réaction des services sanitaires, médicaux et policiers d'urgence.

En matière radiologique, il n'y a pas encore eu de tentative d'emploi aboutie, malgré le nombre et la diversité des sources accessibles (hôpitaux, chimie, installations agroalimentaires, notamment) et de la multiplicité des isotopes hautement radiologiques (césium-137, cobalte-60, iridium-192 notamment). À l'échelle de l'Europe, il existe des centaines de milliers de sources de ce type. On peut citer le cas d'un groupe tchétchène qui avait délibérément mis en place une source de césium-137 dans le parc d'Izmaïlovo, aux abords de Moscou, en 1996, en prévenant les services de sécurité. Il s'agissait sans doute pour le groupe concerné de montrer ce qu'il pouvait le cas échéant réaliser comme attaque. Pour qui douterait de la dangerosité de petites sources radioactives même non accompagnées de l'usage d'explosifs classiques pour en faciliter la dissémination, on se référera à l'irradiation accidentelle dans la ville de Goiânia au Brésil en 1987 : 4 personnes furent tuées et plus de 200 autres gravement atteintes par la manipulation sans précautions d'une source de césium-137 d'origine hospitalière provenant d'une décharge près d'un bidonville. Dans un jeu mortel, des enfants s'en étaient enduits le corps, cet isotope brillant dans l'obscurité.

Enfin, en ce qui concerne les armes nucléaires, malgré les alarmes médiatiques récurrentes, aucun cas de transfert d'armes nucléaires vers des groupes non étatiques n'a été confirmé. Les craintes liées à la fin de l'URSS se sont, pour l'instant, révélées vaines. Ceci n'est pas seulement le fait du hasard ou de l'absence de menace (elle était réelle), mais pour l'essentiel la conséquence de mesures prises en ex-URSS par la Communauté internationale (essentiellement les États-Unis, la France et le Royaume-Uni ainsi que par la Russie et les nouvelles républiques), pour neutraliser le risque. Le scénario haletant du *Cinquième Cavalier*[4] dans lequel un groupe palestinien achemine une arme nucléaire perdue par Israël au cœur de Manhattan avec l'aide de la Libye demeure un pur scénario qui a resservi sous une forme quasi identique un quart de siècle plus tard dans *New York brûle-t-il ?*[5] : simplement, les Palestiniens y sont remplacés par Al Qaïda et l'arme nucléaire devient pakistanaise... Cependant, l'accès au nucléaire représente le Graal ultime pour tout groupe à vocation apocalyptique. En l'absence de mesures déterminées de la Communauté internationale, l'une ou l'autre organisation terroriste finira par y arriver.

Cette brève énumération appelle plusieurs observations. Tout d'abord, et ce n'est évidemment pas une bonne nouvelle, l'accessibilité d'une assez large gamme d'agents NRBC par des groupes, voire des individus comme *Ameranthrax*, est possible, l'arme nucléaire faisant ici figure d'exception, pour le moment. Cependant, les précédents montrent aussi que l'érosion des barrières technologiques et parfois financières n'est pas aussi rapide que ne laissent supposer certains scénarios de catastrophe. Ainsi, la secte Aoum, financièrement prospère et techniquement relativement compétente, avait complètement échoué quant à la militarisation du charbon et son choix du sarin comme gaz de combat était problématique. Le groupe n'avait pas su atteindre un degré de pureté optimal dans la synthèse, et les effets du gaz étaient limités, car à température ambiante normale, il a tendance à rester à l'état liquide. Dans tous les cas, il existe une vraie marge entre la capacité de fabriquer une molécule ou de cultiver une souche microbienne et la possibilité de la rendre apte à un emploi efficace contre son prochain, c'est-à-dire de la militariser. Cette remarque ne doit cependant pas rassurer à l'excès : elle signifie seulement que le temps pour s'organiser face à une menace croissante existe, mais il est compté. La diffusion des savoir-faire sur Internet, jointe aux progrès des techniques, notamment des manipulations génétiques s'agissant de l'arme biologique, promettent des lendemains qui déchantent en matière d'armes NRBC, y compris, à terme, dans le domaine nucléaire.

S'y ajoute ce qui relève de la perturbation de masse *stricto sensu* : le cyberterrorisme contre les réseaux informatiques et particulièrement contre ceux qui commandent les grandes infrastructures indispensables au fonctionnement de nos sociétés, ou des attaques physiques directes contre les réseaux ferroviaires, aéroportuaires, électriques... De telles attaques peuvent compléter des opérations visant à tuer, de manière à rendre plus difficile l'organisation d'une réponse adéquate à une attaque de destruction massive.

L'autre interrogation naissant des précédents en matière de terrorisme NRBC concerne la faible place occupée jusqu'à présent par les groupes liés à Al Qaïda ou à la mouvance djihadiste de façon plus générale. Faut-il voir un refus culturel ou religieux de tels groupes de recourir à de tels moyens ou d'autres raisons entrent-elles en jeu ? Comme en attestent les tentatives récentes de certains groupes islamiques de synthétiser de la ricine ou de la botuline ou encore la « démonstration » tchétchène dans le domaine radiologique, il n'y a pas lieu de penser qu'un interdit religieux, réel ou supposé, pèse sur le recours aux armes NRBC. Rien dans les prétendues *Fatwa* d'Al Qaïda n'en désapprouve l'usage. Il faut chercher une explication plus simple. Al Qaïda a, de son point de vue, rencontré d'impressionnants succès en s'en tenant aux seuls moyens « classiques » : explosifs conventionnels, avions transformés en armes, le plus souvent maniés par des commandos-suicides. Le « 11 » espagnol qui n'impliqua aucun « kamikaze » fait exception.

Loin d'être irrationnel et nonobstant l'interdit du suicide dans la religion musulmane (comme dans les autres religions du Livre), l'attentat-suicide est souvent avantageux du point de vue de l'organisation qui y a recours. Ainsi, l'exigence d'assurer la récupération du terroriste qui vient de commettre son attentat « disparaît » avec son auteur, et avec elle une contrainte opérationnelle et logistique lourde. De plus, avec l'auteur de l'attentat disparaît le risque de compromission du réseau : la sécurité, la souplesse et l'efficacité opérationnelle de l'organisation sont gagnantes, un kamikaze n'ayant pas à démonter son opération du fait de mesures de sécurité dès lors qu'il peut approcher la cible. Enfin, pour un individu fortement motivé au plan religieux, la promesse du martyr, et les gloires ou plaisirs qui s'ensuivent, est un élément d'attrait et non de répulsion d'autant plus que l'épreuve, tout en étant suprême, est unique.

Lorsqu'un mode d'action fonctionne du point de vue de l'organisation concernée, l'incitation à en changer reste faible. Cependant, Al Qaïda n'aura pas manqué de constater qu'il n'y a pas eu de réédition à une échelle comparable du « 9/11 » américain. Celui qui tient lieu dans la nébuleuse terroriste de responsable du *business development*, c'est-à-dire de la création de nouveaux marchés, a quelques raisons d'être soucieux. La tentation doit être croissante d'aller directement à la *bottom line*, au résultat : en l'espèce de rechercher des moyens dédiés de destruction massive dont l'acquisition reste certes difficile et coûteuse mais dont l'emploi opérationnel est moins complexe et moins consommateur de temps que le montage d'un « 9/11 » ou d'un « 11 M ». À côté de l'organisation d'attentats « classiques », dont la technique est parfaitement maîtrisée, mais longs et complexes à monter, il existe un risque réel qu'une partie notable des moyens financiers et intellectuels d'Al Qaïda soit désormais consacrée à l'acquisition de moyens NRBC.

C'est à dessein que l'on a ici emprunté des expressions tirées du monde de l'entreprise dans l'analyse de la logique de fonctionnement d'Al Qaïda, car elles correspondent bien à sa nature non étatique.

La fin de l'unité de lieu, de temps et d'action

Reste une dernière réticence par rapport aux moyens NRBC. Au plan médiatique, le développement sur plusieurs semaines d'une attaque biologique n'aura pas la même traduction médiatique que l'instantané visuel de l'attaque contre les tours du *World Trade Center*. Jusqu'à présent, le terrorisme, pour des raisons techniques, était essentiellement subordonné aux trois unités du théâtre classique : un lieu, un temps, une action. Une fois que les bombes ont éclaté ou que les avions ont frappé leur cible, l'action est terminée. Les effets matériels et humains directs et visibles sont concentrés sur le lieu de l'attaque. Même quand l'attaque est multiple, comme elle l'a été spectaculairement le 11 septembre 2001, on ne sort pas des bornes de l'unité de lieu (l'Amérique), de temps et d'action. Cette contrainte a été naturellement intégrée par les auteurs d'actions terroristes, leur « plan media » s'articule à l'intérieur de ce cadre avec lequel ils sont en harmonie. Seules les opérations terroristes assorties de longues prises d'otages sortaient de ce schéma.

Le NRBC promet de faire voler en éclats cette sorte d'harmonie, interpellant les acteurs d'attaques tout autant que ceux qui les commentent ou ceux qui tentent de les prévenir ou d'en gérer les effets. Une attaque radiologique respecterait l'unité de lieu, mais pas celle de temps et donc pas celle de l'action : la durée de vie de certains isotopes radioactifs se compte en dizaines de milliers d'années... Par définition, une attaque biologique ne respecterait ni l'unité de lieu ni l'unité de temps. La récente épidémie de SRAS, d'origine non intentionnelle, s'est déroulée hors de son foyer initial pendant une période d'environ trois mois, et a frappé tant les pays d'Asie orientale que la ville de Toronto, au Canada, à plus de 10 000 kilomètres du lieu de naissance du virus. L'arme chimique serait relativement plus concentrée dans ses effets dans le temps et l'espace, mais avec un périmètre d'imprévisibilité plus élevé que celui d'une attaque à l'explosif conventionnel.

Il est possible qu'Al Qaïda hésite à sortir des schémas connus, notamment du fait de la perte d'immédiateté de l'horreur au plan médiatique. Cependant, il est à craindre que la durée de l'horreur et les incertitudes concernant son extension spatiotemporelle ne finissent par apparaître encore plus gratifiantes du point de vue de l'assaillant que la logique des trois unités, qui correspond à l'état des techniques anciennes. La résistance à l'innovation, pour autant qu'elle contribue à expliquer le non-recours aux armes NRBC par Al Qaïda sera surmontée.

La forte incitation qu'ont Al Qaïda et d'autres mouvements apocalyptiques de passer au NRBC a un corollaire important au plan financier. L'organisation d'attentats comme Bali, le « 9/11 » ou le « 11 M » coûte relativement peu : entre quelques milliers et quelques centaines de milliers d'euros, c'est-à-dire des flux échappant sans grande difficulté à la traque financière des instances spécialisées internationales. À cet égard, le rapport de la Commission américaine sur le « 9/11 » est parfaitement éclairant. Les organisateurs n'ont apparemment pas eu besoin de travailler hors des circuits bancaires classiques, contrairement à toute une littérature sur le rôle des circuits parallèles, comme le *Hawala*. À l'inverse, l'acquisition de moyens et d'expertise dédiés

NRBC coûte relativement cher, et donne un sens réel à l'activité des organismes publics et bancaires de surveillance des circuits financiers.

Al Qaïda : des moyens, une capacité, une volonté

Jusqu'à présent, il a été surtout question de moyens techniques. Certes, ceux-ci n'existent pas dans l'abstrait ; leur émergence matérielle est souvent liée à l'expression d'une volonté : l'« invention » du détournement multiple d'avions en est un exemple. Cependant, tout comme dans la vie de tous les jours, il arrive que l'émergence du moyen précède l'expression du besoin : le besoin de posséder un téléphone portable ou de surfer sur le web ne pouvait s'exprimer en l'absence d'une offre technique. Ce constat explique pourquoi pendant les années 1990, il y eut un débat de spécialistes sur le thème : y a-t-il ou non un « nouveau terrorisme » de destruction de masse ? Suffit-il qu'apparaisse la possibilité pour un groupe d'acquérir des moyens de destruction de masse pour qu'il y ait manifestation de la volonté d'emploi ? Les tentatives de la secte Aoum alimentaient une réponse positive à ces questions ; mais bien souvent, Aoum fut traitée comme une aberration totalement irrationnelle, au même titre que la folie meurtrière d'individus comme *'Unabomber'*[6] ou, par la suite, *Ameranthrax*.

Des mouvements terroristes structurés à vocation plus ou moins politique n'avaient pas de raison forte à tuer un maximum de gens : l'élimination des lieux symboliques de pouvoir et la destruction de ceux qui le détiennent étaient dans leur logique, au risque naturellement de provoquer des « dégâts collatéraux », sans que ces derniers aient été le but recherché. Ce raisonnement pouvait s'appliquer à Al Qaïda comme à l'IRA ou à l'ETA. Jusqu'en 2001, Al Qaïda s'en prenait effectivement avant tout à des lieux d'exercice du pouvoir américain : attaques contre les ambassades américaines à Naïrobi et à Dar Es Salaam en 1998 (225 personnes tuées dont 12 Américains, plus de 400 blessés), USS *Cole* en 2000 (17 marins américains tués). Cependant, le « 9/11 » américain et la longue chaîne d'attentats qui a suivi ont montré que les détracteurs du concept du « nouveau terrorisme » avaient tort. Al Qaïda cherchait à « faire du bilan » et pas seulement « du symbole ».

Dorénavant, il s'agit de savoir dans quelle mesure Al Qaïda pourra à l'avenir se livrer à la destruction de masse, et contre quel type de cibles. Le choix de ces dernières est relativement univoque. De fait, en dehors de ses actions en Arabie Saoudite et le cas échéant en Irak, qui visent des lieux de pouvoir, Al Qaïda s'attaque depuis le « 9/11 » surtout aux lieux d'échange, de mélange. Toutes les attaques ont été portées contre des vecteurs réels ou symboliques de ce qui rapproche les peuples et leurs activités : tourisme, transports, multiculturalisme, distraction, tolérance religieuse, incroyance sont quelques mots qui peuvent être accolés à des degrés divers aux attentats de Bali, Casablanca, Djakarta, Djerba, le Limbourg, Madrid, Manille, Mombasa, en s'en tenant aux principaux et par ordre alphabétique. Une certaine instrumentalisation politique n'était probablement pas absente (les Israéliens de Mombasa, les Australiens à Bali, la politique d'Aznar en Espagne), mais loin d'être générale. De surcroît, il n'est pas évident que les temps de préparation de Bali et surtout de Madrid aient été cohérents avec les postures politiques du moment des gouvernements australien et espagnol par rapport à la guerre d'Irak. De la même façon que le « 9/11 » américain avait été préparé avant l'arrivée aux affaires de George W. Bush, les préparatifs du « 11 M » espagnol ne sont pas nécessairement liés à la position militante du gouvernement Aznar dans la guerre d'Irak à partir de la fin 2002.

Cibler en priorité les lieux d'échange et de mélange possède de substantiels avantages du point de vue d'Al Qaïda. De telles cibles offrent l'avantage d'être souvent moins « dures » au plan des mesures de sécurité que les lieux de pouvoir, moins nombreux et plus protégés.

La cohérence est totale par rapport à l'idéologie d'Al Qaïda, pour lequel le « pays de la mécréance est un ». Le champ géographique des cibles jugées légitimes est ainsi quasi infini, comme en témoigne la liste des attaques survenues ou déjouées depuis le 11 septembre. Il n'y a guère que l'Amérique du Sud et l'Antarctique qui n'aient pas eu leur lot d'attentats. La France, en particulier, n'a aucune raison de se croire à l'abri, comme en témoigne la liste des attentats déjoués sur le territoire national : Strasbourg (2000), ambassade américaine (2001), ambassade de Russie (2003). Les déclarations d'Al Qaïda concernant la France en 2004, lors du vote de la loi interdisant le port de signes religieux ostensibles à l'école, étaient sans ambiguïté.

La recherche de la supposée « pureté » absolue de l'islam originel s'articule parfaitement avec la lutte contre tout ce qui est porteur de tolérance et de mixité quelle qu'elle soit. Cela recèle un apparentement avec les idéologies de rejet du métissage typique de l'extrême droite européenne de la première moitié du XXe siècle. Le terme d'islamo-fascisme appliqué à Al Qaïda est approximatif quant aux modes d'organisation, mais il est pertinent s'agissant du caractère totalitaire des buts idéologiques.

Enfin, le choix des lieux d'échange ouvre un large champ à la « créativité » d'Al Qaïda et de ses affiliés, tout en compliquant singulièrement le travail des services de sécurité de nos pays. Le terme de « créativité » pourra paraître choquant, s'agissant d'une volonté de détruire, si possible massivement. Cependant, l'aune à laquelle se jugent les affidés d'Al Qaïda est la leur, pas la nôtre. Il faut pour eux constamment montrer qui détient l'initiative et démontrer qu'à défaut de causer « plus » de morts et de destruction que la dernière fois (le 11 septembre 2001 demeurant seul dans sa catégorie au moment où ces lignes sont écrites), ils agissent à chaque fois « différemment ». Chaque attentat est spécifique, chaque attentat diffère du précédent, d'un groupe affilié à Al Qaïda à l'autre : par exemple, à Djerba (avril 2002), des Allemands sont tués (c'est nouveau) ; une synagogue est visée (encore nouveau), en terre d'Islam (une nouveauté à l'époque), au moment de la Pâque juive (l'attention d'Al Qaïda au choix du moment). Qu'il s'agisse de Mombasa, de Bali, de Djakarta, de Casablanca ou de Madrid, on trouvera à chaque fois cette approche novatrice de l'attentat. On est loin du travail meurtrier répétitif des kamikazes du Hamas ou des tentatives d'assassinat par ordre alphabétique d'Action directe en France[7]. Ce n'est qu'à l'intérieur de l'aire d'action d'un groupe affilié à Al Qaïda que l'on trouve un élément de répétition : ainsi, le recours systématique par la Jemaah Islamiyah en Indonésie aux voitures piégées. De surcroît, si d'un groupe à l'autre chaque attentat est « cousu main », le fil conducteur, et donc la signature, reste clairement visible : rejet du « pays de la mécréance ». Il fallait tout le « talent » de monsieur Aznar pour refuser de reconnaître les éléments de signature de l'attaque du 11 mars 2004, et notamment le stationnement ostentatoire d'une camionnette volée à l'une des gares de départ des trains de banlieue visés, avec détonateurs et enregistrements coraniques à bord, le tout étant « découvert » et expertisé par la police espagnole dans les heures suivant l'attentat.

Psychologiquement, cette approche a un double effet : d'une part, malgré la non-réédition d'un « 9/11 », Al Qaïda motive ses troupes en montrant qu'il y a toujours mieux à faire ; d'autre part, chaque groupe affilié à Al Qaïda peut exercer sa propre « créativité » dans des lieux qu'il connaît par effet de proximité. Le tout offre l'immense avantage opérationnel de maintenir les services de sécurité de nos pays dans un état d'incertitude très grand concernant le choix de la prochaine cible et le mode opératoire utilisé à son encontre. Après le « 11 M » espagnol, les autorités françaises renforcèrent les mesures de sécurité dans les trains et dans les gares, et l'on ne s'en plaindra pas. Cependant, le parcours d'Al Qaïda permet de supposer que des catégories originales de lieux soient frappées : installations portuaires ? ferry-boat ? grand musée ou monument historique ?...

Ces observations laissent entière la question des capacités organisationnelles d'Al Qaïda. Depuis ses débuts, l'organisation créée par Oussama ben Laden a fonctionné comme beaucoup d'autres groupes terroristes de par le passé. Il ne s'agissait certes pas d'un mouvement de masse : même en comptant large, c'est-à-dire en attribuant à Al Qaïda le gros des personnes passées par les camps d'entraînement installés dans l'Afghanistan des Talibans, le nombre total des militants actifs devait se situer autour de 20 000 personnes de par le monde [8]. En admettant que ce chiffre ait un sens, c'est à la fois beaucoup pour un mouvement violent radical, mais peu par rapport à des partis de masse.

Al Qaïda avait certes, dès ses premières années, une activité internationale et un recrutement dépassant de loin l'Arabie Saoudite dont est citoyen Oussama ben Laden. Al Qaïda, de par son envergure et son caractère transnational, ressemblait à certains des grands mouvements terroristes transnationaux du XIXe siècle : Carbonari agissant en Italie et hors d'Italie pour la réunification politique de la péninsule, Fenians irlandais frappant au Canada et en Europe, « Internationale anarchiste » du tournant des années 1900 avec à son palmarès deux présidents de la République (Sadi Carnot en France, 1894 ; William Mc Kinley aux États-Unis, 1901), un roi (Humbert Ier d'Italie, 1901), une impératrice (Élisabeth d'Autriche, 1898), un Premier ministre d'Espagne (1912), sans parler des nombreux assassinats politiques en Russie. Comme dans le cas d'Al Qaïda, ces groupes bénéficiaient du soutien d'un vivier limité de personnes, sans que l'on puisse parler de mouvements de masse, sauf lorsque l'action terroriste se greffait sur un foyer national et le mouvement nationaliste irlandais pour les Fenians ou, à notre époque, les *Boïeviki* tchétchènes.

Cependant, Al Qaïda bénéficiait d'un atout majeur sous la forme du financement en provenance de diverses familles et organisations caritatives en Arabie Saoudite. Ces donateurs ont fourni à Al Qaïda non seulement une masse de manœuvre pour engager des opérations dans la durée (ainsi, la préparation pluriannuelle du « 9/11 ») mais aussi pour s'acheter des complicités. Le cas n'est cependant pas unique : les Fenians au XIXe siècle, tout comme l'IRA au XXe ont reçu des subsides considérables en provenance de l'immigration irlandaise aux États-Unis. Il a fallu attendre le milieu des années 1990 pour que le Royaume-Uni finisse par convaincre les États-Unis de contrôler de tels transferts pro-IRA et de mettre sous surveillance les organisations non gouvernementales s'y livrant. *Mutatis mutandis*, c'est ce que la Communauté internationale a essayé d'obtenir des autorités saoudiennes après le « 9/11 » américain, à l'encontre de fondations dites caritatives, telle Al-Haramein, interdite en 2004 seulement.

Le parallèle dressé ici entre Al Qaïda et de grandes organisations terroristes transfrontières du passé n'est pas fortuit. En effet, si Al Qaïda devait continuer à ressembler à de tels mouvements, on pourrait conclure qu'avec le temps, il serait possible d'en venir plus ou moins à bout grâce à la combinaison de mesures préventives et répressives, débouchant sur la lassitude de terroristes enfermés dans une impasse. De telles victoires sont certes rarement complètes : la fin des Fenians a été suivie par la naissance de l'IRA, et la déliquescence des groupes anarchistes il y a un siècle n'a mis fin ni aux assassinats politiques ni à l'anarchisme. Il reste que la menace transnationale de grands mouvements structurés de ce type a disparu. Tant qu'Al Qaïda reste un mouvement très minoritaire, y compris dans sa mouvance nationale et religieuse d'origine, les mêmes causes devraient déboucher sur les mêmes effets. L'objectif premier est donc de tenter de réduire la menace aux proportions d'un défi à l'ordre public : tout comme le crime, le terrorisme ne peut pas être totalement éliminé par une action policière efficace, mais il devrait pouvoir être ramené à des proportions tolérables.

À cela, on fera l'objection qu'Al Qaïda, en tant qu'« ONG du terrorisme », est un acteur de la mondialisation qui peut utiliser toute la puissance que donne le maniement des nouvelles technologies et, l'on serait tenté d'écrire, la pratique des modes de management les plus modernes. Face à des États dont le cadre d'action est leur territoire national, le caractère passe-frontière d'Al Qaïda serait un atout singulier et nouveau. Le recours aux communications électroniques instantanées donne à Al Qaïda une souplesse qu'auraient enviée ses ancêtres. N'exagérons cependant pas la nouveauté ou la singularité de cet avantage : il y a un siècle, l'on voyageait dans toute l'Europe (hormis la Russie) sans passeport ni visa, et le télégraphe servait aux terroristes comme aux États. Ces derniers, certes avec lenteur et difficulté, peuvent coordonner leur action, et plutôt plus efficacement qu'à l'époque de la marine à vapeur.

Une des vraies forces d'Al Qaïda réside dans son organisation très voisine dans son esprit et sa pratique de celle des grandes multinationales du commerce de marque. Chaque franchisé local doit souscrire à la charte de l'organisation et à ses objectifs ; mais chacun est responsable de sa *bottom line*, de son résultat et des moyens d'y parvenir dans les limites de la charte de qualité du groupe. Ceci laisse à un franchisé la liberté de manifester sa créativité et son autonomie tout en permettant à la *holding* centrale de se concentrer sur les tâches exigeant de par leur ampleur la concentration de moyens à l'échelle du groupe, notamment en matière de *business development*. Quels nouveaux « produits » (attentats) convient-il de développer ? Quel nouveau message délivrer pour motiver autour de la marque du groupe la population de consommateurs visés ? En cela, Al Qaïda est bien fille de la fin du XXe siècle. Toutefois, si la vulnérabilité de la « nébuleuse » aux coups des services de sécurité s'en trouve réduite, la mobilisation et la coordination internationales devraient logiquement permettre d'en venir quand même à bout, dès que la base militante elle-même finira par se lasser de l'absence de perspectives décisives. Mais là, l'affaire se complique. D'une part, la base de soutien ou de tolérance à l'égard d'Al Qaïda n'est pas en train de se rétrécir. D'autre part, le temps est une denrée plus précieuse qu'il y a un siècle : les rois étaient menacés, pas la société tout entière. La destruction de masse n'était pas au rendez-vous à l'époque.

Afin de faire toucher du doigt ce que cela risque de signifier, quelques scénarios, nullement exagérés, seront proposés ici. Leur objectif n'est pas de « faire peur », mais de saisir la nature et l'ampleur des défis des prochaines années. Les trois premiers scénarios présentés ici correspondent tous à des moyens et des connaissances accessibles à des groupes terroristes structurés. Afin d'éviter que de tels scénarios ne puissent servir à des fins malveillantes, un certain nombre de détails techniques y ont été glissés qui en rendraient l'exécution problématique. On y a ajouté l'hypothèse d'une attaque nucléaire. Celle-ci a fait l'objet d'un exercice, *Black Dawn*, effectué à Bruxelles le

3 mai 2004 en présence de responsables européens de haut niveau [9]. Si cette dernière hypothèse est vraisemblablement hors de portée des groupes terroristes à l'heure actuelle, elle correspond aussi à un risque extrême de par ses conséquences.

Quatre scénarios pour un cauchemar

UN 9/11 EUROPÉEN

En ce matin de transhumance estivale de juillet, la mer est calme et les passagers nombreux sur le car-ferry reliant Zeebrugge à la côte anglaise. Après avoir quitté le port belge, le bateau, avec 970 passagers à bord, est détourné par un groupe d'Al Qaïda. Ensuite, le bateau est dirigé vers les installations gazières du port de Dunkerque, à quelques dizaines de kilomètres de là, sans que le ferry ait pu être intercepté en route. Dans l'explosion qui s'ensuit, plus de 1 000 personnes, les passagers du ferry et les ouvriers à terre, sont tuées immédiatement. L'incendie fait rage pendant plusieurs jours, provoquant la « nuit à midi » à l'ombre des fumées portées par les vents dominants d'ouest sur une zone de plus de 15 millions d'habitants en Belgique et Nord-Pas-de-Calais. Dans les heures qui suivent l'explosion, une cyberattaque contre le réseau de contrôle du réseau de transport électrique français et belge provoque une panne de courant plongeant la Flandre belge et tout le Nord de la France dans l'obscurité pendant toute la journée. L'acheminement des secours médicaux et de lutte contre l'incendie est fortement entravé par la panique, les embouteillages aggravent le bilan humain (on déplore 2 000 morts et les

5 000 blessés en fin de journée) et matériel. Malgré les appels au calme d'autorités publiques elles-mêmes visiblement débordées, plusieurs millions de personnes se jettent sur les routes, quittant Calais, Lille, Roubaix, Tourcoing et Gand, provoquant au passage la paralysie du réseau routier sans précédent. Le fait que les autorités belges et françaises ne parlent ni le même langage, ni même toujours la même langue accroît le sentiment de désarroi puis de panique des populations. Les différences de mots d'ordre de part et d'autre de la frontière n'arrangent rien. En fin de journée, un commando d'Al Qaïda tire au RPG (le lance-roquettes de facture soviétique souvent utilisé en Irak ou dans les territoires occupés) sur une des installations annexes de la centrale nucléaire de Gravelines, à l'ouest de la zone industrielle de Dunkerque. Les dégâts matériels sont négligeables, et aucune fuite radioactive n'est à signaler. Cependant, une revendication très exagérée d'Al Qaïda est médiatisée instantanément, la rumeur publique en amplifiant l'effet dans les zones privées d'électricité mais non de transistors à piles. À ce stade, le désordre ambiant et la perte visible de contrôle des autorités publiques rendent non crédibles les mises au point officielles sur l'attaque de Gravelines. Le souvenir toujours vivace du « mensonge de Tchernobyl » (1986) fait le reste. Il ne reste plus au gouvernement français qu'à instaurer des mesures d'exception de la Seine à la frontière belge.

Commentaires :

- Le naufrage en eaux calmes du ferry *The Herald of Free Entreprise* a causé la mort de 154 passagers aux abords de Zeebrugge en 1987.

- Les pannes d'électricité accidentelles de 2003 aux États-Unis et en Italie ont plongé dans le noir plusieurs dizaines de millions de personnes pendant une durée s'établissant suivant les régions, de plusieurs heures à une journée.
- Le scénario retenu est moins complexe que le 11 septembre 2001. Il nécessite trois équipes au lieu de quatre. Il est opérationnellement moins exigeant que le 11 mars 2004, car le déclenchement de chaque action n'a pas besoin d'être synchronisé à la minute, ou même à l'heure près. L'attaque suppose cependant la conjonction d'équipes ayant des expertises techniques diversifiées, exigeant donc un effort d'Al Qaïda à l'échelle européenne.
- Le détournement de navires est une pratique relativement courante dans le monde et l'on se souviendra de l'odyssée de l'*Achille Lauro*, navire de croisière détourné pendant huit jours par un groupe palestinien en Méditerranée en 1985. Il est surtout utilisé par les pirates des temps modernes. Chaque année, plusieurs dizaines de navires sont attaqués par des pirates dans la région du détroit de Malacca et dans le golfe de Guinée ; certains de ces navires restent aux mains des pirates, changeant d'identité et de pavillon.
- Au cours de l'exercice « Estérel », le GIGN et le commando Hubert de la Marine nationale ont mis à l'épreuve, le 26 octobre 2004, leur capacité d'arraisonner un ferry-boat détourné.
- Malgré la coordination franco-belge en matière de sécurité civile, la diversité des dysfonctionnements provoqués par l'attaque imaginée dans le scénario rend vraisemblable le décalage des réponses françaises et belges, les organisations répondant aux défis

n'ayant ni la même structure ni les mêmes champs de compétences.

- Le RPG est une arme de choix des gangsters attaquant les véhicules de convoyage de fonds en France. Sa disponibilité sur le marché français est appelée à s'accroître avec la mise en circulation des centaines de milliers de tonnes d'armes et de munitions « libérées » lors de la chute de Saddam Hussein en Irak.

L'ARME RADIOLOGIQUE, ARME DE PERTURBATION DE MASSE

Un soir d'ouverture des grands magasins pour les achats de Noël, une charge explose dans la salle de correspondance d'une station RER-métro de la rive droite de la Seine. L'arme comprend une bombe classique de quelques kilos, voisine de par ses effets des engins utilisés par Khaled Kelkal et ses complices dans les transports en commun parisiens en 1995 : 11 personnes sont tuées et plus de 75 personnes blessées par l'effet de souffle ou les clous dispersés par la bombe. De nombreuses personnes sont blessées dans la panique provoquée par l'explosion. Pour Al Qaïda, l'essentiel n'est pas là. En même temps que le souffle et les débris de la bombe, un isotope hautement radioactif est dispersé à des degrés divers dans l'ensemble de la salle et dans les galeries attenantes, entraîné aussi par la ventilation naturelle s'opérant dans ce lieu caverneux. Une partie des matières radioactives s'incruste dans les parois, cependant que de nombreuses personnes sont contaminées. Le bilan humain provoqué par ces rayons sera lourd. Si la plupart de ces victimes sont rapidement dépistées et suivies médicalement, il n'en reste pas moins que plusieurs centaines de personnes développent au fil des ans des cancers dans des proportions statistiquement inhabituelles.

L'effet sociétal de l'attentat est important, en comparaison à la rusticité de l'opération, préparée et conduite par une poignée de terroristes qui avaient dérobé une source radioactive dans un centre de cancérologie. L'auteur du vol et l'artificier y laisseront d'ailleurs rapidement leur vie, victimes de la maladie des rayons. L'attentat suscite une grande inquiétude dans les pays : tous les lieux où se concentrent habituellement les foules sont largement désertés de crainte d'une nouvelle attaque. Le quartier des grands magasins de la rive droite et ses environs est pour un temps abandonné par tous : consommateurs, employés et habitants. La crainte de la radioactivité les a chassés. Cette peur est en partie irraisonnée, car il n'y a pas de lien de causalité évident entre la qualité de l'air que l'on respire en surface et ce qui a pu se passer sous terre à quelques centaines de mètres de là. Néanmoins, cette crainte a une raison psychologique de se manifester : encore et toujours le souvenir de ce fameux nuage de Tchernobyl qui était supposé s'être arrêté aux frontières de l'Hexagone. Aucune communication gouvernementale ou scientifique ne va convaincre les gens que les isotopes sont confinés pour l'essentiel dans le réseau souterrain et que les particules qui ont pu s'échapper à l'air libre sont noyées dans le bruit de fond de la radioactivité naturelle.

Il faut attendre le retour des congés d'été de l'année suivante pour que les quartiers commerçants de la rive droite retrouvent une partie de leur animation.

Seul demeure bouché en surface, sur ordre officiel, le périmètre comprenant l'ensemble des sorties de métro et du RER du complexe visé. Sous terre, la situation ne va pas se normaliser de sitôt. La décontamination intégrale de la salle de correspondance et des tunnels et couloirs attenants prend rapidement les mêmes proportions financières et juridiques que le désamiantage de l'université de Paris-Jussieu : des années de travail en vue. Pendant ce temps-là, le nœud de communication reste naturellement fermé aux Parisiens. Outre le grave bilan humain de cet attentat artisanal, le coût économique se chiffre au bout d'un an à plus de dix milliards d'euros : pertes d'emplois, de chiffre d'affaires, baisse de l'immobilier, coûts de décontamination.

Commentaires :

- Aux États-Unis, plus de 1 500 sources de radioactivité sont considérées comme « orphelines » ; c'est-à-dire qu'elles ont été perdues de vue une fois remplie leur mission initiale (souvent médicale ou agroalimentaire). Compte tenu de la durée de vie des isotopes, ces sources demeureront pour la plupart hautement dangereuses pendant de longs siècles.
- Le coût de l'explosion de l'usine AZF à Toulouse le 21 septembre 2001 a été estimé à 4 milliards d'euros.
- L'attentat parisien décrit ici est nettement plus modeste dans ses effets qu'un scénario plus élaboré présenté dans le *Scientific American* [10] se déroulant à l'air libre dans le sud de Manhattan.
- Un exercice de simulation d'un attentat radiologique a été conduit à l'hôpital Necker en octobre 2004,

comprenant la « décontamination » de plusieurs dizaines de « victimes ».

LA PESTE OU LE CHOLÉRA ?

Les scénarios biologiques font souvent appel à la dissémination de la variole. Tel était le thème d'un important *Kriegspiel* américain pendant l'été 2001, sous le nom de *Dark Winter*. Les effets d'une telle attaque seraient en toute hypothèse absolument catastrophiques. Même en détectant relativement tôt les premiers foyers d'infection et en concentrant judicieusement les stocks de vaccins produits en masse aux États-Unis comme en Europe ces dernières années, il y aurait un massacre abominable ; la variole ayant un taux de mortalité dépassant les 50 %, l'économie mondiale s'effondrerait au moins pour un temps. C'est aussi un scénario fort heureusement très improbable, la quasi-totalité des souches varioliques en laboratoire ayant été détruites et la version humaine de la variole a disparu en milieu naturel. Cependant, d'autres scénarios ont un risque plus élevé d'occurrence.

Un premier type de scénario voit un groupe s'inspirant de l'exemple d'*Ameranthrax* mais avec l'intention de tuer, si possible massivement. Les auteurs de l'attentat, grâce à un complice ayant eu le même type d'accès aux techniques de militarisation du charbon qu'*Ameranthrax*, répandent plusieurs grammes de spores de charbon dans le système d'aération d'un immeuble de grande hauteur du quartier de la Défense. Une fraction notable des milliers d'occupants du gratte-ciel pourrait être infectée. Les premiers symptômes se déclarent au bout de quelques jours ; en admettant que le bon diagnostic soit immédiatement formulé, une partie de ces premiers malades pourront être sauvés par l'administration d'antidotes (ciprofloxacine). Malheureusement, lorsque les symptômes apparaissent, il est souvent déjà trop tard. Le temps de déclarer l'alerte au charbon et d'établir le lien avec le gratte-ciel où s'est produite l'attaque, et on pourra sauver les personnes infectées qui en sont encore en phase asymptomatique. Au final, le risque que plusieurs centaines voire plusieurs milliers de personnes décèdent, est grand.

Tout événement complémentaire comme des attaques multiples, et/ou successives, à l'anthrax dans plusieurs lieux accueillant du public, jointes à des cyberattaques contre l'informatique hospitalière, renforcerait notablement l'ampleur de la catastrophe, aggravée par les réactions de panique ou par l'effondrement local ou régional de systèmes de santé incapables de répondre à des sollicitations trop nombreuses. Ce scénario est limité par le caractère peu infectieux de l'anthrax, qui ne se transmet pas aisément d'une personne à une autre. Cette caractéristique explique pourquoi le charbon est une arme biologique qui a particulièrement intéressé les militaires. Les soldats envahissant une région infectée par le charbon pouvaient espérer, dans une certaine mesure et moyennant précautions, éviter d'être eux-mêmes victimes du mal qu'ils avaient répandu. Ce n'est pas un aspect susceptible d'intéresser un groupe terroriste prêt à se sacrifier et désireux de tuer sans limites dans l'espace et le temps.

D'où une variante du scénario mettant en œuvre un agent infectieux. Faute de variole, un agent pathogène assez largement disponible est choisi par un groupe terroriste en accédant subrepticement ou par effraction à un laboratoire commercial ou hospitalier moyennement protégé. En l'occurrence, le virus Nipah est retenu, bénéficiant d'un « dopage » par manipulation génétique de façon à en accroître la transmissibilité et la létalité. Ce virus, initialement transmis par les chauves-souris, a commencé à sauter la barrière des espèces et a acquis la faculté de se transmettre d'un être humain à l'autre. 35 personnes ont été tuées par ce virus au Bangladesh en février 2004. L'attaque est lancée par quatre porteurs du germe opérant respectivement sur un vol transatlantique dans un Boeing 747 avec plus de 400 personnes à son bord, une liaison transpacifique (dans un Airbus A-380 avec plus de 500 passagers au départ de Tokyo), un grand hôtel-casino de Las Vegas parfaitement climatisé, et un complexe commercial couvert en Europe. Dans les milieux clos, avec une population exposée pendant de longues heures à un air recyclé porteur du germe, l'attaque prend dès les premiers jours l'allure d'une pandémie. Bien que rapidement détecté et identifié, le virus du « Super-Nipah » ne peut être contenu par les moyens qui avaient fait leurs preuves contre le SRAS en 2003. L'épidémie ne s'arrêtera qu'avec l'hiver boréal, plusieurs millions de personnes ayant dû être hospitalisées dans des conditions rappelant celles de la pandémie de grippe espagnole de 1918. Une personne infectée sur sept mourra.

Commentaires :

- L'épidémie de SRAS a coûté plus de $ 100 milliards à l'économie mondiale. Elle a fait 774 morts en 2002-2003. Ce nombre a pu être contenu grâce aux mesures remarquables mises en place à l'initiative de l'Organisation mondiale de la santé.

- Malgré sa transmissibilité relativement peu élevée, le SRAS a pu faire le saut d'Asie à Toronto dans les premières semaines de l'épidémie du fait de la réunion d'un congrès médical dans cette ville de l'Ontario à laquelle participaient des praticiens venant d'Asie. Ceux qui soignaient la maladie en étaient à la fois le vecteur et les victimes.
- L'organisation d'une telle attaque supposerait un important effort technique de la part d'Al Qaïda, en termes de recrutement ou de formation de biologistes. Il existe d'excellentes et nombreuses facultés en la matière dans le monde. Les recrues correspondantes devraient travailler avec un matériel certes perfectionné, mais qui se trouve sans difficultés excessives, à un coût limité. Les préparatifs ne nécessiteraient pas des installations voyantes. Une fois l'investissement consenti, la conduite de l'opération serait *a priori* assez simple.

SOMBRE AURORE

Le matin du 11 septembre 2011, une arme nucléaire de 10 kilotonnes – soit la puissance de la bombe d'Hiroshima – explose dans le centre de Bruxelles. 40 000 personnes sont tuées dans les secondes qui suivent par effet de chaleur et de souffle. Parmi les 300 000 blessés bruxellois, plusieurs dizaines de milliers mourront dans les années et les décennies suivantes. La bombe ayant, à la différence de celle d'Hiroshima, explosé au niveau du sol, de très importantes retombées radioactives se produisent, emportées par le vent : le nuage radioactif est poussé vers l'agglomération anversoise et le sud des Pays-Bas ; à terme, plusieurs dizaines de milliers de personnes meurent en Flandre et aux Pays-Bas du fait de la maladie des rayons. Le nuage s'évacue ensuite au-dessus de la mer du Nord, évitant d'empoisonner la Ruhr.

Commentaires :

- Cette description est à peu de choses près celle de l'Exercice « *Black Dawn* » joué à Bruxelles le 3 mai 2004.
- Pour réaliser une telle explosion, il faudrait que le groupe concerné se procure de 40 à 60 kg d'uranium enrichi à plus de 90 %, de façon à pouvoir fabriquer une arme de type Hiroshima. Sa réalisation ne requerrait pas de moyens industriels lourds ou sophistiqués au plan technique et elle n'impliquerait pas la conduite d'un essai pour valider la conception de l'arme. La vraie difficulté serait de se procurer l'uranium. Dans le scénario joué le 3 mai 2004, c'est le combustible nucléaire hautement enrichi d'un réacteur de recherche biélorusse qui avait « disparu ».
- Tant que la barrière de l'accès (par vol ou achat) à la matière fissile n'est pas franchie, le scénario restera du domaine de la fiction, à l'instar du *Cinquième Cavalier* publié par MM. Lapierre et Collins il y a un quart de siècle. À l'inverse, si un groupe comme Al Qaïda se procurait la quantité de matière fissile nécessaire, le scénario pourrait se dérouler très rapidement – mais plus vraisemblablement par une bombe arrivant par bateau dans une zone portuaire (comme New York, Londres, Rotterdam ou Singapour), plutôt que dans une ville située à l'intérieur des terres, afin de réduire les risques de détection de l'arme.

Ces scénarios ne prévoient pas l'avenir : dans la pratique, il est exceptionnel que la réalité se conforme intégralement à un schéma préprogrammé. Ils ne prétendent donc pas cerner la gamme des avenirs possibles mais seulement faire ressortir les cheminements éventuels et surtout les conséquences potentielles d'une série d'événements pour lesquels la matière brute existe déjà. On a pris soin de ne pas uniquement présenter des scénarios extrêmes, mais de mettre en scène des défis dont l'avènement ne suppose pas le rassemblement d'événements hautement improbables et de données exceptionnelles. Par ailleurs, on a cherché à limiter le nombre de scénarios à quelques situations génériques, croisant des caractéristiques de base : transfrontière versus local, « classique » versus armes de destruction de masse, organisation simple versus équipes multiples. Même si on peut toujours ajouter au nombre de scénarios, la multiplication de leur diversité ne cernera jamais la gamme complète des avenirs possibles, renvoyant à notre remarque première sur les prévisions.

Plusieurs leçons peuvent être tirées de l'exercice auquel nous venons de nous livrer. Tout d'abord, les défis que peut poser Al Qaïda, ou toute autre organisation du même type, pendant les dix prochaines années sont de très grande ampleur. Pour la population et le territoire des pays d'Europe occidentale, la réalisation d'attaques de ce type se traduirait par un choc sans précédent depuis la Seconde Guerre mondiale. C'est une autre façon de dire qu'il est de l'intérêt général que tout soit fait pour en prévenir l'accomplissement ou, pour le cas où une attaque réussirait, qu'en soient atténués au maximum les effets. On est loin du compte (*cf.* chapitre IV). Tout retard ou toute erreur de manœuvre risque d'être payé à un prix inacceptablement élevé. Dans le même ordre d'idées donc, il convient de tout mettre en œuvre pour isoler et réduire Al Qaïda et les mouvements jihadistes de ce type ; à l'inverse, tout ce qui donnerait un soutien de masse et une pérennité organisationnelle et politique à Al Qaïda doit être évité. Aussi, la rencontre du défi terroriste avec la dégradation des relations transatlantiques sur toile de fond de « choc des civilisations » apparaît comme étant évidemment et radicalement à proscrire ; or, c'est le contraire qui se passe, d'une manière plus ou moins irréversible. Ce qui sera proposé ici, c'est précisément une approche pour sortir de la spirale mortifère dans laquelle nos pays se sont, ou ont été, enfermés.

L'horreur suscitée par le défi de l'hyperterrorisme ne tient pas seulement aux effets réels ou virtuels des actions terroristes, mais aussi au fait qu'elles interviennent après soixante ans de paix civile dans les pays industrialisés d'Europe et d'Amérique du Nord : la guerre froide n'était certes pas une paix, mais elle n'était pas accompagnée dans nos pays par les horreurs de la guerre, et l'embellie stratégique des années 1990 était-elle parfaitement hors des normes historiques. La génération du « baby-boom » renoue avec le tragique de l'histoire qu'avaient connu ses aïeux. Comparés aux massacres européens de la première moitié du XXe siècle, les défis de l'hyperterrorisme ne sortent pas de l'échelle. De même, dans l'espace mondial, pour une bonne partie des peuples du monde, de l'Afrique au sous-continent indien, l'hyperterrorisme n'est pas un défi primordial, par rapport aux ordalies génocidaires de la région des Grands Lacs, des drames du sida, ou de la guerre, de la famine et de pestilences ordinaires.

L'hyperterrorisme est un grand défi mondial, ce n'est pas le seul, et il ne suffit pas à lui seul à structurer le système international (*cf.* chapitres III et V). Cependant, ces observations relativisant l'hyperterrorisme cesseraient de s'appliquer si ce qui est encore aujourd'hui affaire de minorités agissantes se coulait dans le moule d'un affrontement occidentalo-islamique. Nous entrerions alors dans l'équivalent fonctionnel d'une guerre mondiale impliquant le recours aux armes de destruction massive. C'est cela qu'il s'agit de prévenir, prioritairement, au-delà de la lutte nécessaire contre les manifestations immédiates de l'hyperterrorisme.

CHAPITRE II

Comment les États-Unis ont perdu le Moyen-Orient

Après un chapitre consacré à l'hyperterrorisme et à Al Qaïda, le lecteur pourrait voir quelque outrance à passer directement à un chapitre centré sur la superpuissance américaine incarnée par l'administration Bush, au risque d'établir une équivalence morale. Une telle interprétation ne correspondrait cependant pas à l'intention de l'auteur. Oussama ben Laden et son islamo-fascisme incarnent une variante du Mal absolu comparable aux pires totalitarismes d'État du siècle écoulé. La grande démocratie américaine peut, comme toute autre, se tromper, et ses erreurs étant portées par la plus considérable des puissances, les conséquences pourront en être gravissimes : mais le corps politique américain ne nourrit pas de projet totalitaire.

Le rapprochement n'implique pas non plus un lien de causalité entre la politique américaine et l'émergence d'un Oussama ben Laden. L'existence de la minorité agissante qu'il a créée et animée à partir du début des années 1990 n'est pas plus expliquée par la volonté ou la politique américaine que la bande à Baader n'était le fruit de la démocratie ouest-allemande ou Action directe le produit naturel de la société française des années Giscard et Mitterrand. Bien sûr, de tels groupes seront portés ou brisés par le contexte politique, social ou économique dans lequel ils opèrent : mais le comportement de leurs responsables est d'abord affaire d'individus. Al Qaïda à ses débuts, tout comme la *Rote Armee Fraktion* ou Action directe, n'était pas un mouvement de masse mais une rencontre entre quelques individualités. Oussama ben Laden n'a pas été créé par les États-Unis. Washington avait certes eu une politique de soutien pour les combattants antisoviétiques en Afghanistan. De là à attribuer aux États-Unis la création de la personnalité destructrice de Ben Laden, il y a un pas qu'il serait aussi dangereux de franchir que de faire porter à la CIA et à son ancêtre, l'*Office for Strategic Services*, la formation de la personnalité de Fidel Castro ou de Ho Chi Minh soutenus par les Américains à certaines étapes de leur parcours.

Enfin, la focalisation sur les États-Unis à ce stade n'est pas davantage une façon de dédouaner par prétérition la politique européenne au Moyen-Orient : celle-ci n'a pas été plus glorieuse que celle de Washington au fil des décennies, et son évolution récente est à certains égards aussi inquiétante que la politique américaine dans la période la plus récente.

La part faite ici aux États-Unis répond d'abord à un constat. Du fait même de leur puissance sans égale, ce que font ou ne font pas les États-Unis au Moyen-Orient, comme ailleurs dans le monde, aura le plus souvent une importance propre plus grande que celle d'autres acteurs, moins influents. Cette donnée objective est renforcée, pour le meilleur et pour le pire, par l'image subjective que les États-Unis donnent de l'étendue de leur puissance et la perception que les

Américains eux-mêmes ont de cette force. Si bien des Européens sont tentés de voir dans l'Amérique de l'après-guerre froide une « hyperpuissance », notion dont les limites ont déjà été évoquées, l'un des traits communs aux populations du Moyen-Orient est de prêter aux États-Unis une quasi-omnipotence. Dans cette vision, tout ce qui se passe ou ne se passe pas, est le fruit d'une volonté ouverte ou cachée des Américains : si le problème israélo-palestinien n'est pas réglé, c'est « évidemment » parce que Washington ne le veut pas ; si Saddam Hussein est resté aussi longtemps au pouvoir, c'est « parce que » les États-Unis ne voulaient pas le renverser ; le 11 septembre 2001, aucun avion ne s'est écrasé sur le Pentagone, l'Amérique toute-puissante ayant fabriqué ce mythe de toutes pièces... L'on s'est permis d'ajouter cette dernière obscénité[1], bien qu'elle soit d'origine parfaitement franco-française, car elle illustre à merveille non seulement comment les théories de la conspiration permettent d'« expliquer » tout et n'importe quoi, et aussi parce qu'il n'y a pas de coupure radicale entre les récits « arabes » et « européens » de la perception d'une Amérique toute-puissante.

Ce qui est un élément parmi d'autres de la perception de l'Amérique en Europe possède cependant une dimension centrale au Moyen-Orient. Les raisons en sont simples. Le sentiment d'impuissance largement répandu dans une région soumise depuis l'invasion de l'Égypte par Bonaparte en 1798 aux humiliations successives d'origine occidentale est propice aux discours attribuant ce déclin à l'envahisseur plutôt qu'à des causes internes. Depuis que les États-Unis sont devenus la puissance de référence, c'est sur eux que se reporte ce type de réaction. De plus, dans bien des circonstances, la politique réellement suivie par Washington est de nature à nourrir de faits tangibles les discours attribuant la cause des maux dont souffre la région. L'attitude à éclipses de Washington sur le conflit israélo-palestinien le montre. S'il est trop simple de chercher la clé d'un règlement à Washington car elle se trouve, d'abord en Israël et en Palestine, il est certain que les États-Unis n'ont pas toujours, et c'est une litote, fait ce qu'ils pouvaient. De même, l'invasion de l'Irak était une réalité : l'écrasement d'un régime en place depuis plus de trente ans en moins de trente jours n'était pas exactement de nature à conforter les discours sur les limites de la puissance américaine.

La « massification » d'Al Qaïda

Enfin, et c'est la raison essentielle de la place donnée ici à la politique moyen-orientale des États-Unis, la manière dont Washington s'est comporté et se comporte dans la région fait courir un vrai risque de ce que nous appellerons ici la « massification » d'Al Qaïda. Ce néologisme mal sonnant signifie en partie seulement la transformation de la nébuleuse en organisation de combat de masse : son mode d'action terroriste et le faible prix donné à la vie de ses membres (sans parler de celle des victimes...) en feront vraisemblablement toujours une minorité agissante. En revanche, un soutien politique élargi sera générateur d'appuis logistiques et de recrutement. Dans des populations qui subissent les contrecoups de la politique occidentale sans par ailleurs recueillir les bénéfices de la mondialisation, le message d'Al Qaïda bénéficie d'une résonance puissante. Le recours par Al Qaïda aux techniques de la mondialisation ne contredit pas la quête du retour à un ordre ancien, à la défense de sociétés closes fermées sur leurs dogmes protecteurs, contre les méfaits prêtés aux sociétés ouvertes de l'Occident.

Un sondage réalisé en Arabie Saoudite en novembre 2003 dans d'assez bonnes conditions de professionnalisme témoigne de cette dichotomie entre le soutien actif, direct au terrorisme et la popularité de l'action incarnée par Al Qaïda : moins de 5 % des Saoudiens souhaitaient que Ben Laden gouverne la péninsule arabique[2], mais plus de 48 % avaient une bonne image de sa rhétorique. On est là sur la ligne de partage des eaux entre un Al Qaïda opérant dans un relatif isolement et un mouvement politique de masse. D'autres sondages d'opinion dans la région débouchent sur des résultats similaires. Oussama ben Laden est le *world leader* le plus admiré par 7 % des Jordaniens et des Marocains et 18 % des Émiratis. Ces réponses s'inscrivent dans un questionnaire où il s'agissait au printemps 2004 de donner une préférence unique par rapport à d'autres leaders. Ainsi, Jacques Chirac, dont la popularité est grande dans le monde arabe, atteint 9 % en Jordanie et 8 % dans les Émirats, Arafat plafonnant à 4 % en Jordanie, 8 % au Maroc et 2 % seulement dans les Émirats. Seul, Gamal Abdel Nasser, mort en 1970 dépasse clairement Ben Laden dans ce palmarès incluant les principaux leaders du monde arabe[3]. Ces chiffres sont révélateurs même en faisant la part des choses, le goût de la provocation et la mise en exergue sans frais de Ben Laden n'étant pas directement assimilables à une sympathie agissante. Rien n'obligeait les sondés à traduire leur rejet des États-Unis par une manifestation d'adhésion au responsable du « 9/11 ». Ce que font et feront les États-Unis au Moyen-Orient a un lien direct et matériel avec la menace future que fait peser l'hyperterrorisme dans nos sociétés, en Europe comme aux États-Unis eux-mêmes, et dans le reste de la « terre de la mécréance »

Une nébuleuse renouvelant régulièrement ses cadres et ses fantassins bénéficiant d'une aide financière irriguée par de multiples donateurs, petits et grands, et capable de mettre dans la balance l'avenir même du Moyen-Orient (et donc son pétrole), ne sera pas facile à contrer. Alors qu'il faudrait réduire Al Qaïda aux proportions de ce que fut la ridicule bande à Bonnot par rapport aux années noires du terrorisme anarchiste, la politique américaine au Moyen-Orient aurait plutôt pour effet d'en faire les Bolcheviques des temps modernes : une minorité agissante captant un important soutien populaire. C'est pourquoi il est important d'examiner en priorité les ressorts et les perspectives de cette politique américaine qui peut se diviser en plusieurs grandes phases historiques.

Des Barbaresques à la guerre des Six Jours

L'intérêt des États-Unis pour le Moyen-Orient, en définissant ici la région comme s'étendant au sens géographique du Maroc à l'Iran, ne remonte pas à la découverte du pétrole en Arabie Saoudite il y a un peu plus de soixante ans. Au contraire, les premières opérations militaires de la jeune République américaine en dehors de son continent et des eaux attenantes ont eu lieu contre ceux qui étaient alors qualifiés de Barbaresques. De 1801 à 1805 se déroula la guerre entre les États-Unis et le pacha de Tripoli qui, bien que placé sous suzeraineté ottomane, menait sa propre politique de piraterie contre les marines marchandes étrangères. Les Américains venaient simplement rejoindre la liste longue et ancienne des victimes européennes de ces pratiques. En 1804, la toute nouvelle infanterie de marine américaine, l'actuel *US Marine Corps*, débarque près de Tripoli, fait d'armes rappelé dès la première ligne de l'actuel hymne de cette formation militaire. Au plan diplomatique, l'histoire commune est encore plus ancienne, la diplomatie marocaine rappelant quand cela lui paraît utile que le royaume chérifien est l'un des tout premiers pays au monde à avoir reconnu dès 1777 l'indépendance des États-Unis. Cependant, jusqu'aux années 1940, les États-Unis n'étaient pas systématiquement engagés dans les affaires du Moyen-Orient : ni la guerre de Crimée (1854-1856), ni les crises marocaines (1905, 1911), ni le partage franco-britannique du Moyen-Orient au lendemain de la guerre de 1914-1818 ne virent les États-Unis intervenir au premier plan.

Tout allait changer avec le début de la Seconde Guerre mondiale. À partir de l'automne 1941, les États-Unis ayant étendu le bénéfice de la loi Prêt Bail à l'URSS attaquée par l'Axe, Washington est amené à s'engager en Iran. En effet, ce pays avait été occupé conjointement par l'URSS et le Royaume-Uni en août 1941 tant pour contrer l'activité des agents de l'Axe dans l'empire du shah que pour ouvrir une voie d'acheminement de l'aide militaire et économique occidentale à une Armée rouge alors en grande difficulté. Le *US Army Corps of Engineers* devint le principal artisan de cette importante opération : de l'ordre de 25 % de l'aide des alliés à l'URSS passera par cette voie entre 1941 et 1945. Téhéran fut par ailleurs le siège du premier sommet entre Churchill, Roosevelt et Staline en novembre 1943. Avec l'entrée en guerre des États-Unis en décembre 1941, le Moyen-Orient allait se situer au cœur du champ géostratégique américain. Dans un premier temps, ce fut l'acheminement de matériels militaires américains aux forces britanniques repoussées par l'*Afrikakorps* de Rommel jusqu'aux abords d'Alexandrie pendant l'été 1942. La victoire d'El Alamein fut en partie gagnée en octobre-novembre 1942 par les chars *Sherman* américains. Dans la foulée, ce fut, à partir du 8 novembre 1942, le débarquement allié, essentiellement américain, au Maroc et en Algérie, pendant lequel des combats parfois violents opposèrent les forces de Vichy aux Alliés [4]. S'ensuivit la dure campagne de Tunisie, pays qui servit de base au débarquement allié en Sicile (juillet 1943).

C'est à cette époque que le pétrole devint un élément important du jeu américain, conduisant aux accords américano-saoudiens négociés par le président Roosevelt et le roi Abd-el-Aziz Ibn Saoud sur le croiseur *Quincy* en février 1945 : en contrepartie de l'accès au pétrole, les États-Unis se portaient garants de la pérennité de la monarchie saoudienne. L'accès au pétrole moyen-oriental, exploité originellement en Iran et en Mésopotamie, avait été crucial pour la Grande-Bretagne dès la veille de la Première Guerre mondiale, non pour servir les marchés des pays industrialisés, mais surtout pour ravitailler sur place la *Royal Navy* qui était en train de passer du charbon au pétrole. Pour les États-Unis, les découvertes pétrolières au Koweït et en

Arabie Saoudite en 1938 devaient également permettre d'assurer le ravitaillement des forces américaines dans une région qui allait jouer un rôle stratégique majeur pendant la guerre froide. L'importance du pétrole pour les consommateurs américains est apparue nettement plus tard : c'est seulement au début des années 1960 que les États-Unis cessèrent d'être exportateurs nets de pétrole. D'enjeu stratégique, le pétrole moyen-oriental devenait clairement un intérêt absolument vital pour le monde industrialisé.

Cette importance nouvelle acquise par le Moyen-Orient conduisit les Américains à s'interroger sur leur attitude vis-à-vis des régimes en place. L'approche de Washington en la matière fut typique des tendances contradictoires qui tiraillent d'une manière générale la politique extérieure américaine. D'une part, les tenants de la *Realpolitik* cherchaient à travailler sur la base du *statu quo*, en défendant dans ce cadre les intérêts américains et d'autre part, les défenseurs de la mission universelle des États-Unis se voulaient porteurs des valeurs de la démocratie et des droits de l'homme. Cette dichotomie n'est pas propre aux États-Unis ; la tension entre intérêts stratégiques ou économiques et valeurs morales est partie intégrante de toute politique étrangère d'un pays démocratique. La pérennité et l'extension de leurs valeurs sont aussi considérées, du moins par les « idéalistes », comme un intérêt national.

Ce type de tension était évident au XIXe siècle au sein de la première des puissances de l'époque qu'était l'Empire britannique, entre le « réalisme » d'un Palmerston et l'« idéalisme » d'un Gladstone. À partir de 1945, les États-Unis, superpuissance démocratique, furent confrontés aux mêmes arbitrages au Moyen-Orient comme ailleurs. Au lendemain de la Seconde Guerre mondiale, comme aujourd'hui, le réalisme et l'idéalisme pouvaient l'un comme l'autre se décliner soit sur le mode militant – ainsi en 2003, l'invasion « idéaliste », néo-wilsonienne, de l'Irak, alors qu'en 1990, la guerre du Golfe avait été l'œuvre des réalistes qu'étaient George Bush père et son entourage de politique étrangère – soit sur le mode de l'effacement – le refus « réaliste » d'un Eisenhower de soutenir Israël avant comme après la crise de Suez de 1956. Ainsi, au Moyen-Orient, comme ailleurs, la politique américaine est le produit de deux catégories de tensions : d'une part, le conflit entre « idéalisme » auquel est généralement accolé le qualificatif de wilsonien, et « réalisme » « kissingerien » pouvant servir à ce propos, l'arbitrage d'autre part entre engagement et effacement. Il est possible d'y adjoindre une troisième catégorie de tension : multilatéralisme versus unilatéralisme, sachant que pour une grande puissance, le multilatéralisme aura toujours tendance à être une voie plus relative, subordonnée – car risquant de limiter à l'excès la marge de manœuvre ouverte au déploiement de la puissance –, que ce ne le sera pour une puissance moyenne ou petite pour laquelle le multilatéralisme sera érigé en système précisément pour limiter les débordements des grandes puissances.

Jusqu'au milieu des années 1960, la politique moyen-orientale de Washington était une sorte de donnant, donnant entre soutien des régimes en place d'un côté et préservation du *statu quo* stratégique de l'autre. Les régimes offrant un accès aux bases américaines étaient généralement soutenus, comme l'étaient ceux qui résistaient aux forces nationalistes nassériennes prêtes à rechercher l'appui de l'URSS. Pendant les années 1950 et au début des années 1960, les bombardements stratégiques formaient la partie la plus importante de la force de dissuasion américaine et l'ouverture de bases aux avions-espions U-2 était considérée comme essentielle en l'absence de satellites-espions. Des pays comme le Maroc, la Libye monarchique ou le Pakistan étaient fermement soutenus par les États-Unis, des bases américaines étant implantées dans ces pays. Lorsque le Liban paraissait menacé en 1958 par l'avènement de forces pro-nassériennes, les *Marines* débarquèrent.

À l'inverse, quand l'Égypte se tourna vers la Tchécoslovaquie puis vers l'URSS pour son armement, les États-Unis suspendirent l'essentiel de leur aide, ouvrant ainsi un boulevard stratégique à l'URSS. Cette défense américaine du *statu quo* se traduisit notamment par la tentative de bâtir l'équivalent avec l'OTAN dans le monde islamique : le pacte de Bagdad regroupant la Turquie, l'Irak, l'Iran, le Pakistan et le Royaume-Uni et assorti par ailleurs d'une grande cohérence en termes de rapports avec les puissances coloniales d'une part, Israël d'autre part. Le Royaume-Uni n'était toléré que dans la mesure où il contribuait au maintien du *statu quo* stratégique : ainsi, en même temps que les *Marines* débarquaient à Beyrouth, les parachutistes anglais protégeaient le roi Hussein de Jordanie. De même, les États-Unis coopéraient-ils entre 1948 et 1954 avec la France et le Royaume-Uni pour limiter les transferts d'armes au Proche Orient, au sein du *Near East Armaments Coordinationl Committee*, qui cherchait à restreindre les ventes d'armements aux acteurs du conflit israélo-arabe, ce qui est très loin des pratiques actuelles.

Ce sont par ailleurs ces restrictions qui conduisirent l'Égypte de Nasser à briser l'étau en s'adressant à la Tchécoslovaquie communiste en 1954.

Dans la même veine, la CIA avait créé en 1953 les conditions d'un retour au pouvoir du shah, chassé par le gouvernement nationaliste du Dr Mohammed Mossadegh, qui avait également mis en cause les positions pétrolières britanniques en Iran. L'on ne saura jamais comment aurait évolué l'Iran et le cas échéant l'ensemble du Moyen-Orient si les puissances occidentales avaient laissé le gouvernement laïc de Mossadegh prendre racine dans ce qui allait devenir un quart de siècle plus tard la République islamique d'Iran.

Toute action susceptible d'aggraver la situation stratégique était soit activement combattue par les États-Unis, tel l'ultimatum adressé à Paris et à Londres de cesser le feu pendant l'expédition de Suez, soit refusée : pendant la guerre d'Algérie, la France ne put jamais obtenir le soutien de l'OTAN pour la défense de « la partie intégrante » de son territoire que constituaient alors en droit les départements d'Oran, d'Alger et de Constantine. Les États-Unis jugeaient, avec raison d'ailleurs, que la tentative française de s'accrocher à l'Algérie nourrissait le développement des forces antioccidentales dans la région. S'agissant des intérêts pétroliers, la politique américaine s'opposait en tout point aux Britanniques et aux Français. Ceux-ci avaient été clairement exclus du pactole pétrolier d'Arabie Saoudite, devenu la chasse gardée de Washington.

Cette attitude négative à l'égard des puissances impériales européennes était d'autant plus commode à tenir qu'elle injectait dans le réalisme prudent des États-Unis une dose politiquement utile d'idéalisme anticolonial. En effet, l'un des grands atouts des États-Unis au Moyen-Orient pendant les années 1940 et 1950 était leur positionnement anti-impérialiste : tout comme l'URSS, Washington jouait contre les empires coloniaux européens, contre lesquels se mobilisaient les mouvements populaires dans le monde arabe et musulman.

Les relations avec Israël étaient caractérisées par le même type de dosage, que l'on pourrait résumer par « trois quarts de *Realpolitik* pure, un quart d'idéalisme tempéré » : l'idéalisme, c'était le soutien mesuré, donc sans livraisons d'armes à Israël, de l'administration Truman d'abord au plan de partage de la Palestine mandataire par l'ONU en 1947, et ensuite à l'indépendance d'Israël. Washington fut à cet égard moins empressé que l'URSS de Staline, qui fut la première à reconnaître l'État d'Israël en mai 1948. Le soutien militaire à Israël pendant la guerre d'indépendance de 1948 fut essentiellement le fait des Européens, opérant soit dans une semi-clandestinité (France), soit pour des motifs commerciaux (Tchécoslovaquie). Pendant les années Eisenhower et Kennedy, les États-Unis demeuraient politiquement et stratégiquement en retrait par rapport à Israël. Jusqu'à la guerre des Six Jours, ce fut la France qui fut le principal partenaire d'Israël. Avec le retour aux affaires du général de Gaulle (1958) et l'accession de Kennedy (1961) puis de Johnson (1963) à la présidence américaine, l'atmosphère devint progressivement moins chaleureuse entre Paris et Tel Aviv et les relations plus étroites entre les États-Unis et Israël. Ainsi, l'administration Kennedy ferma-t-elle en partie les yeux sur les travaux nucléaires militaires franco-israéliens à Dimona, découverts par les avions-espions

U-2 américains pendant les derniers mois de l'administration Eisenhower.

Il fallut cependant attendre la guerre des Six Jours pour que se produise le grand basculement stratégique qui a modelé la scène moyen-orientale jusqu'à la guerre d'Irak. Une administration Johnson naturellement sympathique à Israël, une opinion américaine fortement mobilisée par la crainte d'une invasion d'Israël en juin 1967 et la rupture ouverte de la relation stratégique franco-israélienne qui se doubla d'un embargo sur les armes à partir de décembre 1967 débouchèrent sur la nouvelle alliance américano-israélienne. Celle-ci passa d'abord par l'abstention de réaction américaine face aux mitraillages par Israël du navire-espion américain *USS Liberty* le 8 juin 1967, qui fit quand même 34 morts américains, et surtout, par l'élaboration d'un *modus vivendi*, toujours en vigueur, concernant la façon de gérer la question des installations nucléaires de Dimona[5]. À partir de là, les transferts massifs d'armements américains purent commencer, joints à la garantie de sécurité *de facto* étendue par les États-Unis en faveur d'Israël, dont on vit les effets matériels et politiques pendant la guerre du Kippour d'octobre 1973.

Avant le 11 septembre 2001

À partir de 1967, la politique moyen-orientale des États-Unis change d'allure. Elle devient à la fois plus directement engagée, prenant du champ par rapport à la prudence stratégique des années 1950, tout en continuant à être caractérisée par une très forte dose de *Realpolitik* l'emportant sur un idéalisme des plus limités.

On se permettra de rappeler en incidente que des termes comme « idéalisme » ou « réalisme »/*Realpolitik* sont utilisés dans leur sens diplomatique et stratégique, et non comme des jugements de valeur : ils ne préjugent notamment pas de la viabilité des politiques à long terme. La *Realpolitik* en particulier n'est pas forcément garante de stabilité à long terme : son réalisme est limité. De la même façon, idéalisme ne rime pas nécessairement avec angélisme ou irénisme : l'invasion d'un pays, fût-elle conduite au nom du changement démocratique, est un acte d'une grande brutalité, même si elle peut être nécessaire.

L'engagement direct des États-Unis se manifeste en de nombreuses occasions au cours de la période considérée (1967-2002). C'est d'abord le soutien à Israël, à travers une politique généreuse de transferts d'armes et de technologies. Les États-Unis financent pour l'essentiel ces transferts, notamment à travers les subventions (*Foreign Military Sales*) prévues dans les accords de Camp David (1979). Ceci se traduit par des aides de $ 2,4 milliards environ par an vers Israël, l'Égypte recevant de son côté de l'ordre de $ 1,5 milliard par an en vertu des mêmes dispositions. Une vraie différence existe cependant entre Israël et les autres États bénéficiaires de l'aide financière américaine, de par la qualité des transferts de technologie. Israël est, avec les pays anglophones liés par les accords de 1947[6] en matière de partage du renseignement, le pays qui dispose de l'accès le plus ouvert aux technologies de pointe américaines. En témoigne le fait qu'Israël est à ce jour le seul pays à disposer d'un système antimissile (*Arrow*) pleinement opérationnel. Cette politique pose parfois des problèmes délicats, les sociétés d'armement israéliennes étant parfois tentées d'exporter des systèmes d'armes incorporant des apports technologiques américains sans l'autorisation de Washington. C'est ainsi qu'Israël essaya de vendre à la Chine un radar aéroporté (le *Phalcon*) avant que les États-Unis ne l'obligent à y renoncer. En contrepartie, l'incorporation des technologies américaines donne à Israël un avantage concurrentiel substantiel sur les marchés autorisés par les États-Unis : vente de ce même avion-radar *Phalcon* à l'Inde, ou la mise aux normes occidentales de l'électronique des avions de combat de fabrication soviétique dans certains pays ex-communistes.

Au-delà de ces relations courantes, les États-Unis sont prêts à intervenir comme garants en dernier recours de la sécurité d'Israël. Ainsi, en octobre 1973, pendant la guerre du Kippour, le pont aérien américain recompléta les armements et les munitions des forces israéliennes. Cette dernière vit aussi la mise en alerte (*Defcon 3*) des forces stratégiques américaines lorsque se profilait le risque d'un transfert de moyens nucléaires soviétiques vers le Moyen-Orient. Ces rappels ne sont au demeurant pas formulés dans un esprit critique : mieux valait pour tous que la stabilisation de la situation pendant cette très rude guerre ait été opérée par le truchement des États-Unis qui s'entendirent par la suite avec l'URSS pour amener à un cessez-le-feu effectif sur le terrain à partir du 22 octobre 1973, que par le biais de la mise en œuvre de la force de dissuasion israélienne devenue opérationnelle pendant les années précédentes. Il demeure que ce statut d'« allié stratégique » d'Israël compliquait et continue de compliquer la politique des États-Unis par rapport aux États arabes de la région, alors même que la dépendance pétrolière du monde industrialisé était devenue massive.

L'engagement direct des États-Unis s'est manifesté aussi par le rôle de garant direct de la sécurité dans le golfe Persique, à partir des années 1979-1980. Jusque-là, les États-Unis étaient militairement peu présents dans la région : des facilités navales à Bahrein et surtout, mais à près de 3 000 kilomètres de la péninsule Arabique, la montée en puissance de la base de Diego Garcia dans l'océan Indien. Celle-ci compensait, à partir de 1973, le départ des forces britanniques stationnées dans la région. En 1979 se produisirent les bouleversements stratégiques que représentaient d'un côté le triomphe de la révolution islamique en Iran entraînant une flambée islamique dans la région, avec entre autres la prise de la Mosquée de La Mecque et de l'autre, en fin d'année, l'invasion de l'Afghanistan par les forces soviétiques. La crainte d'un embrasement islamique d'un côté, le risque d'une poussée soviétique vers les « mers chaudes » de l'autre, conduisirent le président Carter à désigner publiquement le golfe Persique comme un intérêt vital des États-Unis, déclaration[7] assortie de la création d'une Force de déploiement rapide, ancêtre de l'actuel *Central Command* (CENTCOM) américain. C'est à cette époque que Zbigniew Brzezinski, conseiller national de sécurité du président Carter, employa la formule de l'« axe de crise » pour désigner la région s'étendant des rives du Maroc aux sommets de l'Hindū Kush. La séquestration des diplomates américains à Téhéran pendant les derniers 444 jours de la présidence de Jimmy Carter (octobre 1979-janvier 1981), n'était pas faite pour contredire cette évolution. L'opération militaire destinée à libérer les otages (avril 1980) fut mise au débit du président Carter par l'opinion publique américaine parce qu'elle échoua, et non parce qu'elle avait été tentée.

Dans la pratique, l'engagement américain se manifesta d'abord dans la guerre d'Afghanistan, sous Carter, et davantage encore sous Reagan. Les armes (avec notamment la livraison des missiles antiaériens *Stinger* à partir de 1985) et les subsides affluèrent vers les rebelles afghans. En parallèle, le Pakistan bénéficiait d'une importante aide économique et militaire américaine, Washington fermant pendant ce temps-là les yeux sur le programme nucléaire militaire pakistanais. Dans le golfe même, les États-Unis demeuraient initialement neutres dans la guerre Iran-Irak engagée à partir de septembre 1980. Cependant, devant la perspective d'une défaite irakienne, les États-Unis commencèrent en 1983 à soutenir ouvertement l'Irak, notamment en matière de renseignement satellitaire et de crédits économiques.

L'engagement militaire américain le plus spectaculaire dans la région aura cependant été la guerre du Golfe (17 janvier-28 février 1991), consécutive à l'invasion du Koweït par l'Irak (2 août 1990). Avec 690 000 militaires (dont 425 000 Américains) en provenance d'une trentaine de pays opérant avec l'autorisation expresse du Conseil de sécurité, la guerre de libération du Koweït a été la plus importante opération militaire dans le monde depuis la guerre de Corée. Elle a été suivie au plan stratégique par la négociation d'accords de défense américains, britanniques ou français avec les petites monarchies du Golfe (Koweït, Bahrein, Qatar, Émirats Arabes Unis), cependant que des forces américaines s'installaient à demeure au

Koweït et en Arabie Saoudite. L'Irak fut soumis à la triple contrainte des sanctions économiques, des inspections de l'ONU, et de la mise en œuvre des zones d'exclusion aérienne par des avions américains, britanniques et français. À plusieurs reprises, des opérations de bombardement furent entreprises contre des bâtiments du pouvoir d'État irakien, le système de défense antiaérienne, et des installations liées aux programmes irakiens d'armes de destruction massive, par les États-Unis, le Royaume-Uni et la France (janvier 1993), puis par les États-Unis et le Royaume-Uni seuls (en été 1996 et puis de 1998 jusqu'à l'invasion de l'Irak).

En parallèle, les États-Unis, contre l'avis de leurs partenaires européens, continuaient à maintenir un régime de sanctions contre l'Iran, dans le cadre de la politique de *double containment* visant à la fois l'Irak et l'Iran. Il y eut certes pendant les années 1990 des interrogations périodiques aux États-Unis sur l'intérêt ou les risques qu'il y avait à maintenir un contingent américain en Arabie Saoudite, ou sur la pertinence du *double containment* comme sur un éventuel assouplissement des sanctions à l'encontre de l'Irak. Bien qu'une ouverture limitée fût tentée avec Téhéran à partir de 1997 après l'élection du président Khatami, considéré comme réformateur, le dispositif politico-militaire américain fut caractérisé jusqu'au 11 septembre 2001 par une assez grande continuité.

Les États-Unis étaient clairement et matériellement au centre du système de sécurité dans le Golfe. Il y eut un seul changement substantiel dont les conséquences négatives ne furent pleinement comprises qu'avec les attaques du 11 septembre 2001, avec la mise en sommeil de l'engagement américain en Afghanistan se traduisant notamment par une perte collective de l'expertise sur ce pays au sein de l'appareil d'État américain. Une fois que les forces soviétiques (février 1989) eurent complété leur retrait de ce pays, les États-Unis cessèrent pour l'essentiel de s'y intéresser. Les guerres civiles subséquentes, débouchant sur la prise du pouvoir des Talibans en 1995, se passèrent sans implication notable de Washington. L'Afghanistan n'« existait » dès lors que sous la forme de problèmes très spécifiques : la tentative de récupération des *Stinger* n'ayant pas été tirés pendant la guerre contre les Soviétiques, ou encore le projet avorté d'un gazoduc reliant l'Asie centrale à l'océan Indien à travers l'Hindū Kush. C'est seulement à partir de l'été 1998, avec le début de la traque contre Ben Laden consécutive aux attentats de Nairobi et de Dar es-Salaam que l'Afghanistan redevient une préoccupation permanente.

Ces différents engagements concernant Israël, l'Afghanistan et le Golfe furent pour l'essentiel placés sous le signe de la *Realpolitik*, pour le meilleur et pour le pire. S'agissant d'Israël, les États-Unis tentèrent, non sans discontinuité et timidité, de jouer sur leur qualité de garant pour favoriser un arrangement entre Israël et ses antagonistes. Ce fut d'abord sous l'égide de ce maître de la *Realpolitik* qu'est Henry Kissinger, la négociation des accords de désengagement israélo-égyptiens et israélo-syriens au lendemain de la guerre du Kippour. Ce sont au demeurant ces accords qui assurent depuis trente ans le *statu quo* sur les hauteurs du Golan entre la Syrie et Israël. Surtout, ce fut sous Carter la très remarquable négociation du traité de Camp David (1978-1979), facilitée par les États-Unis mais portée avec courage par le Premier ministre israélien (Begin) et le président égyptien (Sadate). Il a été souvent reproché à Camp David d'avoir conduit à une « paix froide » plutôt qu'à une vraie réconciliation, et tel est bien le cas. Néanmoins, cette paix-là, qui tient depuis un quart de siècle, vaut mieux que les guerres israélo-égyptiennes des décennies précédentes ! Les États-Unis ont tenu avec constance leurs engagements au titre de ce traité, ce qui leur aura coûté de l'ordre de $ 100 milliards depuis sa ratification.

Si le bilan de l'administration Reagan fut des plus minces s'agissant du processus de paix, les États-Unis, en commun avec leurs alliés européens (France, Italie, Royaume-Uni), s'engagèrent à Beyrouth en 1982-1984 posant des bornes à l'invasion israélienne du Liban et s'assurant le retrait des forces palestiniennes de Yasser Arafat. Celles-ci purent quitter le Liban en bon ordre, assurant l'existence d'interlocuteurs pour l'avenir. Cet avenir fut largement le fruit de l'effet de levier de la guerre du Golfe. Ici, c'est le rôle de garant de la sécurité des pétromonarchies qui permit aux États-Unis de rouvrir le dialogue arabo et palestino-israélien. Le langage de l'administration Bush (père) pouvait se résumer par la formule : « Vous nous soutenez dans la guerre du Golfe, nous empêchons Israël de réagir aux tirs de Scud irakiens et puis nous vous assurons l'ouverture d'un processus de négociation. » Ceci intervenait à une époque où Israël avait jusque-là refusé tout contact direct avec l'Organisation de libération de la Palestine et le Fatah, considérés comme des organisations terroristes visant la destruction de l'État israélien. C'est aussi sous la présidence de George Bush père que les États-Unis firent leur première, et jusqu'à nouvel ordre dernière, tentative déterminée et directe d'arrêter le processus de colonisation israélienne en Cisjordanie et à Gaza, en menaçant de geler les garanties fédérales américaines aux banques finançant les travaux de construction dans les territoires occupés. C'est ainsi que démarrèrent en 1991-1992 le processus de Madrid, et de façon beaucoup plus discrète, les négociations israélo-palestiniennes directes débouchant sur les accords d'Oslo (1993). La poignée de main du Premier ministre israélien Yîtzhak Rabbin et du président de l'Autorité palestinienne Yasser Arafat à la Maison Blanche, sous l'œil du président américain Bill Clinton, restera le symbole de la réussite de cet effort politique.

L'accord de paix israélo-jordanien de 1994 était le pendant du traité de Camp David avec un niveau de financement de l'ordre de $ 200 millions par an des États-Unis vers la Jordanie. Après l'assassinat en 1995 du Premier ministre Rabbin, tombé sous les balles d'un extrémiste juif comme le président Sadate était tombé en 1981 sous les coups de tireurs islamistes, les Américains poursuivirent leurs efforts avec un niveau croissant d'énergie.

Pendant son second mandat, Bill Clinton pouvait entrer dans le vif de la négociation israélo-syrienne d'abord, israélo-palestinienne ensuite. Si les deux se soldèrent par des échecs, ce ne fut pas faute d'efforts américains. Les États-Unis, tout comme pour le traité israélo-égyptien, étaient prêts à mettre de l'argent et des soldats sur la table. De la même façon qu'une force multinationale d'observateurs est présente dans le Sinaï depuis 1979, des soldats américains auraient été amenés à patrouiller sur les hauteurs du Golan. Sans se prononcer ici sur la qualité intrinsèque des plans discutés à Camp David (été 2000) et Tabah (novembre 2000-janvier 2001), force est de constater qu'un accord sur ces bases aurait impliqué le démantèlement des colonies israéliennes de peuplement sur la plus grande partie des territoires occupés.

Pour résumer, le passage des États-Unis d'un rôle relativement passif dans le conflit israélo-arabe (1948-1967) à un statut de garant de fait de la sécurité d'Israël mais aussi des monarchies du Golfe, aura plutôt donné des leviers pour l'action en faveur du processus de paix. Naturellement, le fait de disposer d'un levier n'implique pas que l'on s'en serve, et si l'on s'en sert, cela peut être à plus ou moins bon escient. Le fait est que le registre d'une *Realpolitik* engagée a été, à partir de 1973 et jusqu'en 2001, plus efficace que le refus de prendre parti. Cependant, la contradiction restait entre le rôle de garant d'Israël et celui de garant de l'ordre stratégique dans le Golfe... Surtout, au moment où le président Clinton quittait le pouvoir (janvier 2001), le travail des dix années précédentes était en train d'être défait par les réalités dominantes sur le terrain : colonisation, Intifada-Al Aqsa, terrorisme, répression...

La *Realpolitik* américaine envers les relations israélo-palestiniennes et israélo-arabes dans la période 1973-2001 s'est doublée d'une approche similaire envers les régimes en place de la région. Avant d'en faire la critique, rappelons à titre de précaution, que jusqu'au 11 septembre 2001, la France et le Royaume-Uni pratiquaient, à quelques nuances près, la même politique du *statu quo*. La critique vaut ici *urbi et orbi*. De plus, on ne méconnaîtra pas non plus les réalités géostratégiques de la guerre froide dépassant de loin les seules dimensions du Moyen-Orient. Jusqu'au milieu des années 1970, les États occidentaux appliquaient la politique du *statu quo* aux régimes en place de façon universelle, dès lors que ceux-ci agissaient à leur convenance dans la confrontation Est-Ouest. Cela s'appliquait au Moyen-Orient, en Amérique latine, en Asie, en Afrique comme en Europe : le Portugal de Salazar, la Grèce des colonels étaient des membres de l'OTAN, alors que nous considérons aujourd'hui que la démocratie est une des conditions *sine qua non* de l'appartenance au Pacte atlantique. L'Espagne de Franco était un allié stratégique. Cela commença à changer au milieu des années 1970, à l'époque où les dictateurs cédèrent la place en Espagne, en Grèce, au Portugal.

Face à l'URSS, à travers les accords d'Helsinki (1975), le respect des droits de l'homme fut érigé en principe par l'Europe de l'Ouest et l'Amérique du Nord, non seulement au plan intérieur mais en matière de relations internationales. L'introduction des droits de l'homme dans la règle du jeu entre nations devint un élément non négligeable tant de la corrosion intérieure de l'Empire soviétique que du maintien de la cohésion des opinions publiques occidentales ; elle contribua par la suite à déterminer la nature des régimes successeurs dans la plupart des pays ex-communistes, leur démocratisation devenant le gage de leur acceptabilité internationale.

L'administration Carter, bravant les quolibets des « réalistes » américains et le cynisme européen eut l'immense mérite de donner à cette internationalisation des droits de l'homme un caractère plus général : les *dictaduras gorilas* d'Amérique latine se virent ainsi signifier que la qualité des relations bilatérales avec les États-Unis allait désormais dépendre de leur évolution vers la démocratie. Quinze ans plus tard, la dictature militaire était devenue l'exception dans un continent où elle avait été le principe. En Asie orientale, grâce au développement économique mais aussi du fait des pressions américaines, les dictatures thaïlandaise, taiwanaise, sud-coréenne firent place à la fin des années 1980 à des régimes moins autocratiques. Sans prétendre ici que le militantisme « droit-de-l'hommiste », pour reprendre une formule chère à ses détracteurs, produit toujours des résultats positifs – l'état de l'Afrique subsaharienne ne s'en est pas trouvé partout amélioré – ou décisifs (la Chine reste apparemment imperméable aux pressions internationales), le fait est qu'une nouvelle norme a été introduite dans les relations internationales, en partie grâce aux États-Unis et dans leur incarnation « idéaliste ».

Avant le 11 septembre américain, une région, une seule, avait échappé pour l'essentiel à cette approche : celle du Moyen-Orient. Du point de vue occidental et américain, les droits de l'homme et la démocratisation ne devaient pas intervenir dans la détermination de la qualité des relations bilatérales avec les pays s'étendant des rives marocaines de l'Atlantique aux bords de l'Indus pakistanais, en passant par l'ensemble du Moyen-Orient. Cette « exception moyen-orientale », ce trou noir de la politique des droits de l'homme, appelle des explications y compris dans ses manifestations européennes, ce dont il sera question plus loin.

Pour les États-Unis, plusieurs facteurs peuvent être invoqués, dont certains sont communs à l'attitude européenne, et d'autres spécifiques. En facteur commun, outre les réalités déjà évoquées de la guerre froide et les habitudes qu'elle avait créées, figure naturellement la donne pétrolière. À la veille de la guerre du Kippour, et le premier choc pétrolier qui l'a suivie, les États-Unis étaient comme l'Europe et le Japon, un importateur massif du pétrole moyen-oriental. En 1973, 30 % des besoins américains en pétrole étaient couverts par des importations. Cette dépendance arithmétique se manifesta de façon visible pour le consommateur de base en automne 1973, par le quadruplement des prix du pétrole, dont l'impact était particulièrement ressenti aux États-Unis. À l'époque, comme aujourd'hui, l'essence vendue au public était très peu taxée par l'État américain, et toute hausse du prix du brut était intégralement répercutée dans les prix à la pompe. Dans un pays où l'essence bon marché était considérée comme allant de soi, le traumatisme psychologique fut sévère.

Au-delà de la hausse du prix du brut décidée par l'Organisation des pays exportateurs de pétrole (OPEP), des mesures d'embargo furent imposées au lendemain de la guerre d'octobre 1973, par les pays arabes à l'encontre des États-Unis et des pays considérés comme les plus proches d'Israël. Certes, des restrictions sélectives de ce type sont très difficiles à mettre en œuvre : si, à l'inverse de l'argent, le pétrole a une odeur, sa provenance et sa destination ne sont pas aisément connues. Ceci engendra de grandes perturbations sur le fonctionnement du marché pétrolier qui provoquèrent des phénomènes de pénurie qui, par ricochet, entraînèrent des phénomènes d'achat de précaution qui aggravaient et généralisaient la rareté. Aux États-Unis, les consommateurs connurent les longues files d'attente aux pompes à essence, les restrictions sur les quantités d'essence et de fioul domestique vendu et les journées sans voitures. Le choc fut rude ; les États-Unis, après quelques mois d'embargo pétrolier, furent amenés à envisager une opération militaire de prise de contrôle des gisements pétroliers en Arabie Saoudite.

Désormais, la crainte d'une nouvelle interruption des approvisionnements allait avoir une influence déterminante sur la politique vis-à-vis des pays exportateurs, d'autant plus que l'augmentation des prix ne se traduisit pas pour les États-Unis par une réduction de la dépendance physique. Le second choc pétrolier lié à la révolution iranienne (1979) et au début de la guerre Irak-Iran (1980) vit le baril de pétrole quadrupler à nouveau, passant à $ 35 de l'époque, soit plus de $ 90 actuels, près du double du pic atteint en octobre 2004. Les phénomènes de pénurie de 1973 se reproduisirent aux États-Unis cependant que le président Carter déclarait que la lutte contre la dépendance énergétique était « l'équivalent moral de la guerre ». Dans ces conditions, la donne pétrolière explique en grande partie l'attachement extrême des États-Unis et de leurs partenaires au maintien du *statu quo*.

Cependant, certains des prédécesseurs de George Bush avaient au moins tenté de réduire la dépendance pétrolière des États-Unis, et ce faisant de diminuer la vulnérabilité de l'ensemble des pays industrialisés aux contrecoups des événements au Moyen-Orient. Le président Nixon avait lancé le *Project Independence* avec la montée en puissance de l'énergie nucléaire et la production de pétrole synthétique. Le président Carter avait engagé la mise en exploitation du pétrole de l'Alaska dans une zone nécessitant de difficiles arbitrages entre la préservation de l'environnement et l'indépendance énergétique. Sous le président Clinton, la lutte contre l'émission de gaz à effet de serre fut portée à l'ordre du jour international avec la conférence de Rio (1992) et le protocole de Kyoto (1997). Ces initiatives souvent tardives et incomplètes avaient le mérite d'exister par rapport à l'indifférence totale de l'administration Bush tant en matière de dépendance pétrolière que de protection de l'environnement. Aujourd'hui, les importations représentent, avec 12,6 millions de barils jours mbj [8], 60 % environ de la consommation américaine de pétrole.

Sur le même registre, quoique de manière plus limitée et surtout plus sélective, les exigences de la négociation israélo-arabe jouaient dans le même sens. Par définition, une négociation suppose l'existence dans la durée de parties prenantes. L'existence même d'un processus de paix depuis le milieu des années 1970 jusqu'au tournant de l'an 2000 a contribué à conforter les acteurs en place : l'Égypte post-nassérienne, la Jordanie hachémite, la Syrie baasiste, l'OLP et la Fatah, puis l'Autorité palestinienne de Yasser Arafat. Naturellement, ceci pouvait fonctionner à rebours : les animateurs du « Front du refus » à toute négociation – dont la Libye de Kadhafi, l'Irak baasiste et l'Iran des mollahs – ne rentraient pas du coup dans une logique de soutien au *statu quo*. Cet effet de renforcement du *statu quo* par l'impact de la négociation contribue à expliquer que ce ne soient pas les seules puissances pétrolières qui aient bénéficié du soutien de fait des régimes en place.

De façon moins prévisible, la politique du *statu quo* a été renforcée par les conditions singulières dont l'administration Carter a géré l'émergence de la révolution iranienne. En effet, malgré – et peut-être à cause de – la très forte présence américaine dans l'Iran du Chah, Washington n'avait pris que très tardivement la mesure des événements prérévolutionnaires en Iran en 1978. Jusqu'aux toutes dernières semaines précédant la chute du Chah, le trône impérial n'était pas perçu comme étant en péril. Ceci entraîna de la part des États-Unis une politique inefficace par rapport à la préservation du régime en place. Une fois n'est pas coutume, Washington avait voulu défendre les droits de l'homme dans la région, pressant le régime de Téhéran de modérer sa répression contre les mouvements et les manifestations islamistes. Les sanglants excès de la police politique du Chah, la Savak, étaient régulièrement dénoncés.

Quand Washington, avec un substantiel retard sur Paris et Londres, finit par se rendre compte en janvier 1979 que le régime du Chah était en péril mortel, il était déjà trop tard. Ce qui précède n'est pas destiné à justifier *ex post* un soutien américain à une sanglante vague de répression par les forces du Chah dans les mois précédant le retour de l'ayatollah Khomeiny. Simplement, la « morale » qui fut largement tirée à Washington dans les mois qui suivirent la chute de Rizah Chah Pahlavi en février 1979, c'est qu'une politique de soutien aux droits de l'homme peut être dangereuse, que l'alternative par rapport à un despote difficile que l'on connaît peut être une autocratie infiniment plus désagréable au plan stratégique.

L'échec du renseignement américain en Iran, l'avènement d'un régime islamique militant, l'humiliante prise en otages des diplomates américains à Téhéran ancrèrent durablement l'idée qu'il fallait s'en tenir aux régimes en place dès lors qu'ils n'agissaient pas ouvertement contre les intérêts vitaux et régionaux des États-Unis. Cette expérience-là, tout autant que le pétrole, explique le soutien des États-Unis à la monarchie saoudienne. Dès lors que ce régime, dont la légitimité repose pourtant sur une interprétation violemment intégriste de l'Islam, n'agissait pas de manière militante contre les intérêts occidentaux, les États-Unis lui étendaient leur garantie de sécurité et, le moment venu, de défense. De plus, la prise de la Mosquée de La Mecque par des zélotes islamiques en octobre 1979 avait souligné l'importance des enjeux. Il fallut 18 jours de combats acharnés autour de la mosquée et dans ses souterrains, pour que le régime saoudien étouffe la rébellion avec l'aide décisive et longtemps tenue secrète du GIGN français. La capacité de la monarchie saoudienne à assurer la protection du premier des Lieux saints de l'Islam avait été mise au défi, et toute prolongation de l'affrontement aurait conduit à la chute du régime, remplacé très vraisemblablement par des tenants d'un Islam non seulement rigoriste (il l'était déjà), mais surtout très militant dans son rejet de l'Occident.

L'Arabie Saoudite, à l'instar de la plus grande partie du monde musulman, adhère à la tradition sunnite de l'Islam et son aire de rayonnement potentielle dépasse de loin celle de l'Iran chiite. De plus, les chiites du monde arabe, majoritaires en Irak, et nombreux au Liban, ne sont pas tous des alliés naturels du pays de langue indo-européenne qu'est l'Iran. Outre les risques que cela aurait fait peser sur le marché pétrolier, les revenus pétroliers de l'Arabie Saoudite lui auraient permis de s'acheter le soutien et les armements le cas échéant nucléaires qui en auraient fait une puissance révolutionnaire potentiellement plus dangereuse que l'Iran des mollahs : en 1980 ces revenus se montaient à

$ 90 milliards de l'époque, soient plus de $ 250 milliards actuels.

Jusqu'ici, les facteurs énumérés, y compris la tentative de l'administration Carter de faire prévaloir le respect des droits de l'homme dans l'Iran du Chah, concourent à expliquer l'enracinement de la politique américaine de *statu quo* au Moyen-Orient, alors même que d'autres règles du jeu, plus dynamiques, s'appliquaient à des degrés divers dans les autres parties du monde. C'est ici qu'un retour sur les conditions plus générales de conduite de la guerre froide s'impose.

L'invasion soviétique de l'Afghanistan avait fait entrer cette guerre de Quarante Ans dans sa dernière phase, où se combinait le dynamisme de la politique soviétique avec ses prises de risque que constituaient tant l'ouverture afghane que le déploiement des fusées SS-20 menaçant spécifiquement les alliés européens et asiatiques des États-Unis et l'entrée des États-Unis, comme des Occidentaux de façon plus générale, dans une période dynamique à l'encontre de l'URSS. Dans la lutte contre l'URSS, la politique de l'endiguement cédait la place à une guerre de mouvement se déployant dans toutes les dimensions : idéologique par la promotion des droits de l'homme comme partie intégrante des relations internationales, militaire par le soutien aux moudjahidines afghans, économique par le durcissement notable des transferts de technologie vers l'URSS[9] et stratégique par l'augmentation de l'effort militaire, le déploiement des *Pershing* et « la guerre des Étoiles ». Même si peu de responsables ou d'analystes pensaient que la chute de l'Empire soviétique allait se produire en l'espace d'une dizaine d'années, l'ambiance n'était plus au *statu quo*. Pour accélérer le cours des événements, des risques nouveaux pouvaient être pris. C'est ici que le « post-réalisme » de cette phase terminale de la guerre froide a contribué à donner une allure paradoxale à la politique du *statu quo* au Moyen-Orient. Pendant la guerre soviétique d'Afghanistan (1979-1989), les États-Unis ont certes soutenu les moudjahidines et cela de façon importante, du moins par rapport à la capacité d'absorption d'organisations de guérilla, avec de l'ordre de $ 200 millions par an sur la période.

Cependant, si les Européens veillaient à orienter leur soutien (très limité) vers des groupes perçus comme n'étant pas trop islamistes, les Américains choisirent une tout autre voie. L'essentiel de leur aide fut acheminé et réparti par les soins des services de renseignement de l'armée pakistanaise (ISI, *Inter Services Intelligence*) qui constituaient (et constituent encore) un véritable État dans l'État, dont le cœur était par ailleurs l'armée elle-même ; l'ISI était, et est toujours, très proche des mouvements islamistes les plus militants. Ainsi, c'est l'ISI qui porta au pouvoir les Talibans en Afghanistan en 1995. Pendant la guerre d'Afghanistan, cela se traduisait donc par le développement des organisations de guérilla les plus fanatiques, celle de Gulbuddin Hekmatyar notamment, et par une politique active de recrutement et de formation de combattants islamiques venus du monde entier. Cette politique, dont le jeune Oussama ben Laden fut un des acteurs à l'époque, était par ailleurs soutenue par les finances et le personnel religieux de l'Arabie Saoudite.

La suite de cette histoire-là est connue. Avec le départ des Soviétiques d'Afghanistan (1989) et l'arrivée de troupes occidentales en terre d'Islam en 1990-1991 à l'occasion de la crise du Golfe, l'ennemi principal des islamistes radicaux a changé de nature. Les camps d'entraînement d'Afghanistan ont continué de produire leur moisson de diplômés en opérations irrégulières jusqu'à l'invasion du pays après le 11 septembre 2001. Certes, il n'était pas évident de deviner la chute des *Twin Towers* à l'époque de la livraison de *Stinger* aux *Freedom Fighters* antisoviétiques d'Afghanistan. Cependant, le fait qu'il y avait là matière à arbitrage n'échappait pas aux responsables américains de l'époque Zbigniew Brzezinski qui fut, en tant que conseiller national de sécurité du président Carter, l'architecte de la politique d'aide aux moudjahidines s'est exprimé avec clarté à ce sujet quelques années avant le « 9/11 » américain.

Question : « *Vous ne regrettez pas d'avoir favorisé l'intégrisme islamiste, d'avoir donné des armes, des conseils, à de futurs terroristes ?* » Réponse (Z.B.) : « *Qu'est-ce qui est le plus important en regard de l'histoire du monde ? Les Talibans ou la chute de l'Empire soviétique ? Quelques excités islamistes ou la libération de l'Europe centrale et la fin de la guerre froide ?* » Question : « *Mais on le dit et on le répète : le fondamentalisme islamique représente aujourd'hui une menace mondiale...* » Réponse : « *Sottises* [10] *!* »

C'est véritablement à cette époque que la politique supposée réaliste de soutien au *statu quo* au Moyen-Orient a commencé à produire le contraire de ce qui avait été initialement recherché avec le développement de mouvements islamistes ultra-violents largement financés par les bénéficiaires immédiats du *statu quo* dans la région (les monarchies du Golfe) comme à l'extérieur (les États-Unis) mais qui allaient en devenir les victimes.

Du moins aurait-on pu espérer qu'avec la fin de la guerre froide, les États-Unis auraient éliminé les éléments de risque qu'ils avaient jusque-là considérés comme nécessaires. Après tout, le propos de M. Brzezinski aurait été justifiable si pendant les années 1990 la politique de soutien aux « fous d'Allah » avait cessé. Ce qui se produisit fut la poursuite de cette politique non par volonté mais par défaut. Si les États-Unis se désintéressaient de l'Afghanistan, tel n'était pas le cas du Pakistan. Ce dernier avait fait l'objet de mesures radicales de réduction de l'aide américaine, la fin de la guerre froide remettant au premier plan la volonté américaine de contrecarrer les tentatives pakistanaises d'acquisition de l'arme nucléaire. Cependant, ces restrictions américaines, renforcées en 1998 après les essais nucléaires pakistanais, ne découragèrent pas l'ISI dans la politique de soutien aux militants islamiques pachtounes en Afghanistan, offrant une base organisationnelle et logistique stable et substantielle pour les terroristes d'Al Qaïda, apparus sur la scène afghane en 1996, après l'éviction d'Oussama ben Laden du Soudan.

L'indifférence américaine en Afghanistan se doublait d'une atonie de la politique américaine dans le Golfe. Au lendemain de la guerre du Golfe, le président Bush père avait prudemment tenté de promouvoir quelques réformes dans le pays-pivot de la région, qu'est l'Arabie Saoudite. Il fut très brièvement question de permettre aux femmes de conduire et il y eut tout de même la création d'une assemblée consultative, la Majlis As Shoura, à Riyadh. Tout à leurs soucis irakiens et iraniens, les Américains n'insistèrent guère. Tout au long de la décennie, et malgré l'irritation de pays comme la France à l'égard de l'aide fournie au

Front islamique du salut (FIS) algérien, de grandes familles saoudiennes financèrent toutes sortes d'œuvres religieuses ou politiques de par le monde. Une partie de ces œuvres avait une finalité religieuse classique : construire des mosquées au Sénégal, en Angleterre ou en Bosnie, payer des imams pour instruire la communauté des croyants n'est pas plus critiquable que le prosélytisme des mormons ou de l'Opus Dei. Cependant, le message radical du nombre d'imams et surtout le large soutien accordé à des mouvements comme le FIS en Algérie, témoignaient d'une approche bien peu quiétiste. Les prosélytes islamiques des régimes soutenus par la politique américaine du *statu quo* n'étaient pas eux-mêmes porteurs du *statu quo* en dehors des frontières de leur pays d'origine.

La politique américaine, et à des degrés divers, européenne aussi, s'enfonçait ainsi dans une contradiction de plus en plus aiguë. Celle-ci prenait davantage de relief encore avec la fin du processus de paix israélo-palestinien en janvier 2001, avec l'échec des négociations de Tabah et le développement de l'Intifada-Al-Aqsa engagée à partir d'octobre 2000. Dès lors, la capacité des États-Unis à poursuivre une politique de soutien à Israël tout en défendant les intérêts américains dans le monde arabe allait se trouver soumise à rude épreuve. La tension inhérente entre le rôle de garant de sécurité d'Israël et du *statu quo* dans le Golfe avait été gérée par les Américains tant bien que mal à partir de 1967. Dorénavant, il s'agissait de faire le grand écart, et cela au moment même où arrivait aux affaires (20 janvier 2001) une administration américaine avec des ambitions et des motivations nouvelles, pendant qu'Al Qaïda complétait les préparatifs du premier attentat hyperterroriste de l'histoire.

Le triomphe des Vulcains

Lorsque George W. Bush accéda à la présidence des États-Unis, la presse du monde arabe fit dans l'ensemble état de son soulagement. Al Gore et le Parti démocrate étaient considérés comme plus proches de la politique et des intérêts d'Israël que les « réalistes » du Parti républicain. La dynastie Bush et le vice-président Cheney étaient considérés comme sensibles aux questions pétrolières. La guerre du Golfe de Bush père, la carrière pétrolière (au demeurant médiocre) de George W. Bush, et les responsabilités de Dick Cheney à la tête de la société des services pétroliers Halliburton paraissaient autant de garanties aux observateurs du monde arabe, dont la connaissance de la carte politique américaine n'est bien souvent pas plus rudimentaire que celle des analystes européens. Rappeler cet « ouf » collectif de soulagement montre combien la donne a changé entre-temps, jointe à une méconnaissance assez largement répandue de ce qui animait les responsables politiques et les animateurs intellectuels de l'administration Bush. À la veille du « 9/11 », quelques grandes tendances pouvaient être distinguées dans et autour de cette administration, en notant qu'il n'y a pas de barrière nette entre elles, les « appartenances multiples » étant fréquentes.

Tout d'abord, se présentaient les partisans de la poursuite de la politique du *statu quo* dans le Golfe, sous l'impulsion notamment de ceux que l'on serait tenté de qualifier d'archéo-conservateurs (par contraste avec les « néo-cons ») : le vice-président Cheney, la famille Bush, les intérêts portés notamment par Frank Carlucci, secrétaire à la Défense sous Ronald Reagan et créateur du groupe Carlyle, investissant plus spécialement dans le domaine de l'armement et proche de la famille royale saoudienne[11]. S'y ajoutaient, mais dans un rôle plus effacé, le Département d'État d'une part, et les réalistes de la vieille école : Henry Kissinger, Brent Scowcroft. Les attaques du 11 septembre 2001 allaient affaiblir cette école de pensée.

Ensuite, se poussaient sur le devant de la scène ceux qui voulaient opérer un changement de régime en Irak, projet porté par ceux qui ont été baptisés les « Vulcains », avec au cœur du dispositif Paul Wolfowitz, numéro 2 du Pentagone. Cette politique de bouleversement du *statu quo* ralliait des écoles de pensée et des intérêts en fait très divers. En première ligne, certes, les néoconservateurs qui voyaient là l'amorce de la projection du projet démocratique au Moyen-Orient s'inscrivant ainsi dans la tradition « idéaliste » de la politique étrangère américaine et qui rassemblait une large frange du Parti démocrate, en plus des fidèles du président Bush. Non moins importants, les stratèges civils du Pentagone qui voulaient « solder les comptes » laissés ouverts avec le maintien au pouvoir de Saddam Hussein en 1991. Ces tenants du *settling unfinished business* là aussi ratissaient d'autant plus large que la question des armes de destruction massive n'était pas, loin de là, un simple artifice des va-t-en-guerre, mais un souci largement partagé, y compris au sein du Parti démocrate. Enfin, des partisans de l'aile droite du Likoud, comme Richard Perle, qui voyaient là le moyen de conforter la position stratégique d'Israël en sus des intérêts américains. Ce militantisme anti-Saddam précédait largement l'accession de George W. Bush à la présidence. En 1997, la déclaration de principes du Projet pour un Nouveau Siècle américain avait rassemblé des signatures prestigieuses, dont celles de Donald Rumsfeld, Francis Fukuyama, Jeb Bush, Donald Kagan, Paul Wolfowitz, « Scooter » Libby. Sur ce terrain, certains anciens conservateurs se retrouvaient parmi les néo, dès avant le 11 septembre 2001.

En 1998, le Sénat adopte à l'unanimité le *Iraq Liberation Act*, après que la Chambre des Représentants l'ait approuvé par 360 voix contre 38, autrement dit avec un soutien très large des démocrates. Cette résolution faisait du renversement du dictateur irakien un objectif officiel des États-Unis. Un programme d'aide civile et militaire était censé être mis sur pied, au profit du regroupement des principales forces d'opposition à Saddam Hussein. Le président Clinton et le Département d'État appliquèrent avec un minimum de zèle les prescriptions de ce document : mais ce texte-là représentait, deux ans avant les élections présidentielles, le centre de gravité de la classe politique américaine. La question de l'action militaire, ne fût-ce que pour amener l'Irak à se conformer aux résolutions de l'ONU, se serait posée tôt ou tard, sous Gore comme sous Bush en l'absence d'un « 9/11 ». Simplement, dans le cas d'une présidence d'Al Gore, cela se serait passé en effet plutôt tard que tôt, et dans le cadre d'une lente montée en puissance, vraisemblablement en étroite liaison avec la Communauté internationale, sous le couvert de l'ONU, et avec la possibilité d'une issue pacifique.

Dernière tendance, peut-être la plus inattendue, celle des partisans d'un soutien renouvelé et sans partage à l'Israël d'Ariel Sharon, arrivé aux affaires quelques semaines après l'inauguration du président Bush. Jusqu'au 11 septembre, cette posture demeurait très minoritaire, étant atypique de la part d'un gouvernement républicain. De plus, en début de mandat, le président Bush ne voulait pas user son crédit politique dans les tractations israélo-palestiniennes qui avaient dissipé les énergies politiques du président Clinton pendant le dernier semestre de son second mandat. La non-implication du président Bush en faveur de la relance d'un processus de paix arrangeait plutôt des partis parmi lesquels Ariel Sharon et Yasser Arafat qui étaient à ce stade dans une logique d'affrontement. Cependant, un pro-sionisme militant était porté par les évangéliques protestants devenus l'aile la plus militante du Parti républicain. Cet « ultra-sionisme protestant », est assez paradoxal. En effet, dans la première moitié du XXe siècle, les évangéliques, et autres *Bible-Thumpers* du Sud étaient plutôt identifiés à l'antisémitisme, assez largement répandu aux États-Unis avant la Seconde Guerre mondiale tant au sein des élites que dans des milieux populaires. Le Ku Klux Klan, proche des *Southern Baptists*, était ainsi à la fois anti-Noirs, anti-Juifs et anti-papistes. Si les Noirs étaient les principales victimes du racisme et notamment de ses manifestations les plus violentes, l'antisémitisme avait assez largement cours : en 1915, le lynchage d'un Juif d'Atlanta montrait que la violence antisémite n'était pas un monopole de la vieille Europe.

Les évangéliques ne constituaient donc pas *a priori* un vivier prometteur pour un soutien de l'aile droite du spectre politique israélien : le lien est en partie une lecture un peu particulière de l'Apocalypse et de la bataille d'Armaggedon. Le choc ultime précédant le partage entre les Élus et les Damnés qu'est supposée être la bataille d'Armaggedon doit se dérouler sur la terre d'Israël ; autrement dit, pas dans une Palestine dont une partie échapperait au contrôle du peuple hébreu. À l'occasion de cette Mère de toutes les batailles, la majorité du peuple juif serait tuée et damnée, car ayant refusé la venue du Messie, mais une partie serait sauvée, car ayant reconnu le Sauveur.

Ceux qui seraient sceptiques quant à la puissance d'un mouvement soutenant des thèses d'apparence aussi baroque méditeront le tirage de la série de livres intitulée *Left Behind*, avec ses 62 millions d'exemplaires vendus. Les tomes successifs de cette publication évangélique sont de loin le premier succès de librairie aux États-Unis. 40 % des électeurs du président Bush auraient lu des livres de la série *Left Behind*. Dans un pays où plus de 90 % des sondés affirment croire en Dieu, et pas moins de 45 % au diable, les attitudes à l'égard de la religion et de la place de la religion dans la vie politique sont profondément différentes de ce qu'elles sont en Europe occidentale et *a fortiori* en France.

À cela s'ajoute un calcul électoral plus classique. Soutiens fidèles des démocrates à l'ère de la ségrégation raciale, les évangéliques, et grâce à eux le sud des États-Unis, se sont ralliés progressivement au Parti républicain, à partir des années Nixon. Or, les protestants blancs qui se décrivent comme *born again* (ceux qui sont nés « à nouveau ») représentent un quart de l'électorat. Les républicains peuvent gagner ; sans eux, ils ne peuvent que perdre : ces gros bataillons se sont mobilisés en masse (76 %) pour George W. Bush en 2004. En effet, 51 % des *born again* s'identifient au Parti républicain, contre 22 % aux démocrates. Ceci pèse beaucoup plus lourd dans la définition d'une politique pro-sioniste que l'électoral juif. En effet, l'électorat américain de confession juive accorde massivement ses suffrages au Parti démocrate, et cela à tous les niveaux de revenu : ce fait s'est à nouveau vérifié aux élections de 2004, avec 78 % de voix de l'électorat juif en faveur de John Kerry. En outre, cet électorat, bien que fortement mobilisé, représente de l'ordre de 3 % seulement des voix exprimées lors des élections présidentielles. Cependant, une minorité vote républicain, notamment dans quelques États charnières dont la Floride, où s'était joué à quelques centaines de voix près le sort des présidentielles en novembre 2000. La leçon n'a pas été oubliée, et le Parti républicain a pu aussi espérer grignoter sur cet électorat. Ces efforts furent vains mais aussi sans préjudice : en 2004, la Floride a été remportée par Bush avec 5 % de voix d'écart sur Kerry mais l'électorat juif y a voté Kerry à 81 %.

Avant le 11 septembre 2001, ces trois tendances pouvaient coexister sans trop de mal. À la veille du « 9/11 », le *statu quo* dans le Golfe demeurait une réalité, une politique de renversement de Saddam Hussein une simple hypothèse, et la commune détermination de Ariel Sharon et de Yasser Arafat à ne pas chercher une issue pacifique rendait purement académiques les critiques européennes à l'encontre du refus américain de relancer un processus de paix inexistant.

Le « 9/11 » américain a bouleversé ce paysage. Les contradictions gérables de la politique moyen-orientale des États-Unis devinrent des contradictions antagonistes. Tout d'abord, la politique de soutien du *statu quo* ne pouvait plus se suffire à elle-même. Les origines idéologiques et géographiques des dix-neuf auteurs directs des attentats du 11 septembre, dont quinze étaient citoyens saoudiens, les liens financiers et religieux entre Al Qaïda et les porteurs officiels de l'interprétation wahhabite[12] de l'islam en Arabie Saoudite, plaidaient contre la simple poursuite du *statu quo* dans la région du Golfe.

Le simple *business as usual* au plan politique, stratégique et économique avec l'Arabie Saoudite aurait impliqué l'acceptation de son corollaire, à savoir la possible réédition d'un 11 septembre : tels sont d'ailleurs bien les termes du débat qui s'est ouvert dès le lendemain du « 9/11 » sur l'avenir des relations avec l'Arabie Saoudite et la nécessité de réformes dans ce pays. Poser ce syllogisme ne valait, et ne vaut, cependant pas résolution du problème. Au contraire, il rend plus complexe l'équation qu'il convient de résoudre. Il faudrait tout à la fois jouer avec les régimes en place pour combattre les acteurs du terrorisme, donc favoriser davantage encore le *statu quo*, éviter une déstabilisation politique brutale risquant de porter au pouvoir des régimes jihadistes militants, l'alternative au *statu quo* n'étant pas de façon évidente une démocratie libérale et pro-américaine là encore, c'est le renforcement de l'existant. Il faudrait en outre promouvoir les valeurs au nom desquelles est conduite la lutte contre Al Qaïda et contre lesquelles lutte Al Qaïda, donc soutenir l'idéal au détriment du *statu quo* ; casser les réseaux de soutien religieux et financiers aux jihadistes, donc amener à des changements substantiels dans les pays concernés, depuis le renversement des Taliban par l'invasion de l'Afghanistan jusqu'aux réformes « recommandées » à l'Arabie Saoudite. L'ensemble est invariablement compliqué par le facteur pétrolier : sur 40 mbj de pétrole vendus su le marché mondial en 2003, la moitié provenait des États du Moyen-Orient. L'Arabie Saoudite, premier exportateur mondial, en était au printemps 2004 à près de 10 mbj de production. Tout bouleversement dans la région risquait d'affecter ces flux indispensables au fonctionnement harmonieux de l'économie mondiale.

Ainsi, si les « archéo » étaient désormais pris de court, aucune solution simple de substitution ne se présenterait sauf à couper le nœud gordien. C'est ce que se proposaient de faire les « Vulcains », et notamment leur variante néoconservatrice, dont l'heure avait ainsi sonné. Grâce au remarquable livre de Bob Woodward[13], on sait aujourd'hui comment s'est déroulée la mise en marche de la guerre d'Irak. Cependant, malgré les témoignages multiples dont a bénéficié M. Woodward, il est encore difficile de savoir dans quelle mesure le président Bush adhérait avant tout au projet néoconservateur ou s'il pensait surtout qu'il fallait faire cette guerre pour des raisons stratégiques telles que l'élimination des supposées armes de destruction massive, l'exemplarité d'une invasion américaine par rapport à d'autres pays de l'« axe du Mal », le rôle régional déstabilisant d'un Irak dirigé par Saddam Hussein, et le « solde de tout compte » de la guerre du Golfe. Ce projet néoconservateur est fort bien exposé par l'un des plus brillants d'entre eux, William

Kristol[14] : renverser Saddam Hussein, c'était non seulement remplir un objectif stratégique mais aussi permettre la mise en place d'un régime démocratique exemplaire en Irak. Les vertus de l'imitation se répandraient dans l'ensemble d'un monde arabe dont les masses seraient parfaitement prêtes à sauter le pas de la démocratie participative. Le tout déboucherait sur la paix entre Israël et les Palestiniens. Une compression aussi rapide d'un projet plus complexe peut prêter à sourire – ou plutôt à rire jaune car l'invasion de l'Irak avec ses suites ne relève pas de la comédie. L'ambition n'était cependant pas médiocre : elle ressemblait à certains égards à l'exportation par les armées du jeune Bonaparte des valeurs républicaines et du modèle jacobin de l'État-Nation dans le monde des empires dynastiques. Surtout, elle partait du principe très noble que la démocratie et les droits de l'homme ne sont pas des valeurs qui seraient à tout jamais interdites au monde arabe.

Ce « wilsonisme botte », pour employer la formule de Pierre Hassner[15], ne pouvait que provoquer les mêmes effets que son précédent bonapartiste : les valeurs de l'envahisseur sont soit rejetées, soit, quand elles sont acceptées, retournées contre ce dernier. Personne ne peut dire à ce stade à quoi ressemblera l'Irak dans dix ans, mais qu'il soit dictatorial, chaotique, ou plus ou moins démocratique, il y a peu de chances pour qu'il soit aligné sur la politique étrangère et de sécurité américaine, notamment vis-à-vis du conflit israélo-palestinien. Les exemples souvent cités du Japon et de l'Allemagne, démocratisés par leurs occupants après 1945, ne valent pas : ces deux pays avaient lancé des guerres et les avaient perdues, après avoir infligé des souffrances et des atrocités sans nom ; leurs populations s'attendaient à être traitées en conséquence. Le fait que l'occupation prit à terme les allures d'une reconstruction démocratique fut la conséquence inattendue de la magnanimité de l'occupant comme des pressions de la guerre froide. Ainsi, les occupés, contre toute attente, devinrent des libérés. En Irak, comme pendant les guerres napoléoniennes, les populations constatèrent rapidement que leurs libérateurs étaient des occupants, venus là pour leurs raisons propres. Avec la réalité d'une occupation ratée par impréparation, incompétence et désaccord sur les buts poursuivis, et progressivement perçue comme telle par la population américaine, le moment néoconservateur est passé.

Après sa version militaire, l'administration Bush s'employa au printemps 2004 d'en lancer un modèle pacifique, avec la *Greater Middle East Initiative*. Cette initiative partait des remarquables rapports du Programme des Nations unies pour le développement (PNUD[16]) rédigés par des experts moyen-orientaux. Trois types de réformes y sont préconisés : la modernisation de la gouvernance, l'investissement en faveur de l'éducation, l'action en faveur de l'égalité des femmes. Certes, le champ géographique du projet américain paraissait bizarre, le tout étant censé se dérouler de « Marrakech au Bangladesh » : il ne suffit pas d'une rime pour déboucher sur des actions cohérentes. Cependant, les priorités de PNUD sont difficilement récusables, et la méthode d'une concertation entre le monde industrialisé et le Moyen-Orient était plus à même d'être acceptée que la méthode de l'invasion.

Le projet s'effondra très rapidement sous le poids de ses contradictions : comment améliorer la gouvernance alors que ce sont les régimes en place qui font partie du problème ? Et comment obtenir l'adhésion des populations concernées si rien n'est fait par ailleurs pour trouver une issue au problème israélo-palestinien ? Il n'est pas faux de dire que ce conflit est instrumentalisé par les régimes en place pour asseoir leur légitimité ; mais il est aussi exact et pertinent de noter que sur ce point, les régimes sont le plus souvent en phase avec leur opinion publique qui leur reproche d'ailleurs à l'occasion de ne pas être assez militants en la matière. Surtout, le simple fait que les États-Unis aient été les porteurs de l'initiative suffisait à la disqualifier. Les auteurs mêmes du dernier rapport du PNUD résumèrent parfaitement la situation en demandant aux Américains de ne pas instrumentaliser leurs travaux qui risquaient d'être discrédités par association.

Les déboires de la *Greater Middle East Initiative*, devenue pour des raisons mystérieuses le *Broader Middle East*, sont un parfait révélateur du niveau de tension entre les États-Unis et le Moyen-Orient. Le choc des civilisations n'est visiblement pas loin. Surtout, l'initiative illustre l'incapacité de l'administration Bush à trouver des voies de sortie à court ou long terme dans des conditions qui soient à la fois viables pour les États-Unis et acceptables pour leurs alliés. La haine que suscite dans la région l'Amérique disqualifie le message démocratique et modernisateur dont elle est le porteur. Ce n'est pas là le moindre des drames. Pour ceux qui douteraient de l'ampleur potentielle sinon de la réalité actuelle de ce drame, un scénario mérite réflexion.

Que se passerait-il si des Jihadistes violemment anti-occidentaux prenaient le pouvoir en Arabie Saoudite ? Quelles sont nos options militaires, politiques, économiques face à un tel événement, sachant que l'aventure américaine en Irak serait un lit de roses à côté des conséquences d'une invasion et d'une occupation d'une Arabie Saoudite, foyer fondateur de l'islam, quatre fois grande comme la France, produisant le quart des exportations pétrolières mondiales ? Et pour corser l'équation, les conséquences d'une non-intervention pourraient être non moins graves. Ce scénario d'une Arabie radicale et militante est d'autant moins invraisemblable que l'Arabie Saoudite s'est enfoncée depuis le premier choc pétrolier (1973-1974) dans un réseau de contradictions de plus en plus difficiles à gérer. Lorsque les revenus du pétrole ont quadruplé, puis triplé (en 1979-1981), il était possible au royaume de tout faire : bâtir des infrastructures de transport et de télécommunication ultramodernes, moderniser ses forces armées, et mettre en place un État-providence assurant un confortable revenu minimum à tous, « du berceau au tombeau », tout en satisfaisant aux lubies médiévales des gardiens wahhabites de la vraie foi.

Les inconvénients du système, la rareté des emplois productifs, l'absence de distractions, la non-existence de libertés politiques les plus élémentaires, le traitement des femmes étaient acceptés d'autant plus facilement que chacun se souvenait de la dureté des temps dont venait de sortir le royaume. Depuis lors, ce souvenir s'est estompé. L'absence d'emplois (environ 30 % de chômeurs) se double de la diminution des revenus : en 1980, le PIB par habitant s'élevait à $ 30 000 (soit plus qu'aux États-Unis) mais il atteint seulement $ 9 500 en 2003, fort inégalement répartis entre les quelque 7 000 princes et leurs proches d'un côté, et la vingtaine de millions d'autres Saoudiens de l'autre. Ceci se déroule dans un royaume qui a rassemblé au début du XXe siècle des régions qui n'avaient pas été jusque-là durablement unies sous la férule des tribus bédouines du centre du pays. La province largement chiite du Hasa fut arrachée aux Ottomans en 1913 : c'est là que se trouve aujourd'hui l'essentiel des puits de pétrole, le royaume hachémite du Hedjaz fut envahi en 1926, et l'Asir et deux autres provinces méridionales prises au Yémen, peu après. L'ensemble, constitué en État unitaire depuis 1932, repose sur le projet idéologique qu'est le retour à la pureté radicale d'une vision particulière de l'islam des origines, dans sa version wahhabite. Ces fondements religieux entrent en conflit avec les valeurs véhiculées par la modernisation et la globalisation, alors même que la pratique du wahhabisme par les familles princières est jugée « hypocrite » par les détracteurs islamistes du régime, proches d'Al Qaïda. L'absence de tout espace politique pour l'expression d'idées libérales et démocratiques donne un monopole de fait aux Jihadistes pour ce qui est de l'exercice d'une opposition de plus en plus violente.

Après le 11 septembre 2001, une fois passée l'invasion de l'Afghanistan, le président Bush a par ailleurs pris fait et cause pour la politique d'Ariel Sharon, le pro-sionisme militant de l'administration Bush tombant évidemment assez mal dans ce contexte. On ne prétendra pas ici qu'il soit facile pour les États-Unis comme pour l'Europe de déterminer une politique à la fois honorable et efficace par rapport au conflit israélo-palestinien (*cf.* chapitre V). Il existe un fil conducteur direct entre la réaction américaine au « 9/11 » et la politique de soutien à Ariel Sharon, l'expérience de terrorisme des kamikazes en Israël ayant eu une forte résonance aux États-Unis et notamment chez le président Bush. Les quelque 750 victimes civiles israéliennes (dont 589 tués dans des attentats-suicide) des trois premières années de l'Intifada-Al Aqsa représentent à l'échelle de ce pays une proportion infiniment plus grande de la population que les quelque 3 000 victimes du « 9/11 » pour les États-Unis. La communauté de souffrance a pu accentuer un soutien politique. Certes, les États-Unis ont été amenés à se réinvestir dans le processus de paix, du fait notamment du « 9/11 ». Le discours du 24 juin 2002, dans lequel le président Bush a soutenu la création de deux États sur le territoire d'Israël-Palestine était sans précédent de la part des États-Unis. Cependant, ce réengagement est resté au mieux timide, cependant que la conférence de presse Bush-Sharon du 16 avril 2004 eut un effet désastreux sur l'opinion arabe, le président américain prenant fait et cause pour la politique de son hôte. Jamais les États-Unis n'ont été vus dans le reste du monde, dont le monde arabe, comme ayant été aussi proches des positions israéliennes.

En conclusion, la politique moyen-orientale des États-Unis s'est progressivement – puis après le « 9/11 », rapidement – enfermée dans un réseau de contradictions dont elle aura le plus grand mal à se dégager. Si les contradictions sont aisées à identifier, les voies de sortie et de règlement ne le sont pas. De surcroît, le Moyen-Orient étant devenu la principale préoccupation de la politique étrangère et de sécurité américaine, la capacité des États-Unis à faire face aux autres grands défis s'en trouve réduite.

Pour l'Europe, le drame est triple : la politique américaine crée les conditions d'un choc des civilisations, perpétuant et accroissant le danger de l'hyperterrorisme sur son sol. Par ailleurs, elle a à procéder à un arbitrage douloureux entre d'un côté une solidarité avec les États-Unis au Moyen-Orient, au risque de donner corps à ce choc des civilisations dont l'Europe serait partie prenante et de l'autre une politique d'affirmation d'une différence, au risque avéré d'une crise transatlantique grave. Tout comme les États-Unis, notre capacité à faire face aux autres grands défis de la planète se trouve obérée, alors même que les moyens dont nous disposons pour y faire face sont moins imposants que ceux de nos partenaires américains.

CHAPITRE III

Le grand schisme d'Occident

L'impasse de la politique américaine au Moyen-Orient aggrave et complique la capacité de faire face à l'hyperterrorisme. Cependant, ce n'est pas seulement la politique de Washington au Moyen-Orient qui est en cause, c'est l'ensemble de la relation entre Washington et ses alliés qui obère la capacité de tous de faire face à la menace du terrorisme de destruction de masse ; et en conséquence, la gestion des autres grands défis ou menaces devant lesquels est placée l'humanité s'en trouve affectée. Aussi convient-il de prendre la mesure de cette composante euro-américaine du cercle vicieux de l'étrange catastrophe, dont les deux premiers termes sont la menace du terrorisme de destruction de masse et le risque de choc des civilisations au Moyen-Orient.

Une Amérique sans alliances ?

En juillet 2004, John Kerry proclamait que « se faire des amis et des alliés, travailler avec d'autres pays est non un signe de faiblesse mais de force ». Cette déclaration, qui prenait le contre-pied de l'attitude des « Vulcains » de l'administration Bush est positivement corroborée par l'histoire contemporaine des États-Unis depuis l'année 1941, non seulement après l'entrée en guerre des États-Unis (décembre 1941) mais déjà avec l'adoption de la Charte de l'Atlantique (août 1941) qui constitue le « code génétique » tant de l'ONU (1945) que de l'Alliance atlantique (1949). Le propos du candidat démocrate à Boston ne reprenait pas seulement un constat négatif, sur le thème « un grand a toujours besoin d'un plus petit que soi », lui-même le reflet d'une saine appréciation des limites de toute-puissance. Cette déclaration rappelait surtout que pendant une soixantaine d'années, le fait de pouvoir inspirer et animer de grandes alliances militaires et politiques en Europe, en Asie, en Océanie, en Amérique latine, était en soi une des composantes essentielles du statut de superpuissance, par opposition à la puissance « tout court ».

Une démonstration en creux peut en être faite en se reportant une centaine d'années en arrière, sous la présidence de Theodore Roosevelt (1901-1909) ou de Howard Taft (1909-1913). À cette époque, les États-Unis pesaient un peu plus d'un cinquième du Produit mondial brut, c'est-à-dire à peine moins qu'aujourd'hui. Washington venait, au profit notamment de la guerre contre l'Espagne (1898), de se doter d'un Empire colonial comparable à celui des puissances européennes de l'époque : les Philippines, Porto Rico, Guam, les îles Hawaii, la quasi-colonie cubaine s'ajoutaient à l'acquisition de l'Alaska (1867) et précédaient celle de la zone du canal de Panama (1903) et des îles Vierges (1917). Les États-Unis avaient su, pour la durée de leur bref engagement pendant la Première Guerre mondiale (avril 1917-novembre 1918) bâtir l'une des premières armées du monde jointe à une marine de guerre égale à celle de l'Empire britannique déclinant. La langue anglaise, déjà répandue de par le monde à travers les conquêtes coloniales britanniques, favorisait la propagation du modèle culturel américain. Il en allait de même du modèle économique américain avec la production industrielle à la chaîne et surtout la consommation de masse ; ainsi, en 1908, la première des 15 millions de voitures Ford « T » sortait de l'usine-modèle de Detroit. D'ailleurs, dès les années 1870, la production industrielle américaine avait dépassé celle des îles Britanniques.

Il suffit de se reporter à la dénonciation virulente du machinisme et de l'abêtissement supposé des masses venus d'outre-Atlantique par la droite française[1] de l'époque pour constater qu'une certaine défense frileuse de l'« exception culturelle » n'est pas née avec la fin de la guerre froide... Cette Amérique grande puissance était cependant, par circonstances et par choix, une Amérique sans alliés. Son entrée en guerre en 1917 se fit en tant que « puissance belligérante associée » à la France et à l'Empire britannique, et non en tant qu'allié, ceci expliquant comment le président Wilson avait pu énoncer ses buts de guerre propres, tranchant avec ceux de la Triple-Alliance de 1914.

Ces États-Unis, si comparables par ailleurs à ce qu'ils sont aujourd'hui, étaient bien la première des puissances, mais en aucune façon une superpuissance : le terme[2] a été employé pour la première fois dans un sens politique en 1944, précisément pour caractériser ce qu'avaient acquis de singulier les États-Unis au sortir de la Seconde Guerre mondiale.

La nouvelle exception américaine en termes de puissance par rapport aux empires européens ou asiatiques d'antan résida dans sa capacité à bâtir un réseau d'alliances permanentes dans les années suivant le conflit mondial, dont les bases avaient été jetées pendant la lutte contre les puissances de l'Axe. Cette capacité à tisser des alliances existait aussi à sa manière du côté de l'Union soviétique, avec la mise sur pied du Kominform (1947), du COMECON (1949) et du Pacte de Varsovie (1955). Cette incidente concernant l'URSS fait ressortir encore plus clairement l'apport de puissance que pouvait représenter, dans les conditions de l'époque, l'animation d'un « bloc » stratégique et idéologique au-delà de la capacité d'aligner d'importantes forces militaires. Ce n'est certes pas à sa puissance économique ou à la prospérité de ses habitants que l'URSS devait le qualificatif, partagé avec les États-Unis, de superpuissance. L'on sait aujourd'hui qu'au moment de sa chute, l'URSS avait un PIB voisin de celui de l'Italie.

L'évocation de l'URSS a cependant une autre vertu, celle de rappeler que cette époque historique est terminée. Les conditions qui ont permis, et justifié, la création et la préservation de grandes alliances politico-militaires ont disparu avec la guerre froide. Autrement dit, l'observation de John Kerry, pour être exacte, n'est pas nécessairement réaliste ou pertinente : on a vu aussi son manque de résonance auprès de l'électorat américain qui a reconduit George W. Bush avec 7 millions de voix de plus qu'en 2000. Les données de base n'existent plus pour un retour rapide à un partenariat transatlantique viable et robuste : même dans le cas de l'élection de John Kerry, l'exercice aurait été des plus aléatoires.

En attendant, il est possible de mesurer l'état actuel de la relation transatlantique, en tentant de distinguer entre les éléments structurels les conséquences « mécaniques » de la fin de la guerre froide et les aspects conjoncturels relevant des décisions ponctuelles d'une administration, celle de George W. Bush notamment, et qui peuvent le cas échéant être revues après l'élection d'un autre président en 2008. L'exercice est plus compliqué qu'il n'y paraît. En effet, il en va de la vie des nations comme de celle des individus : ce qui a été fait ne peut pas toujours être défait et les actions accompagnant les mouvements structurels ne sont jamais purement mécaniques. Il y a presque toujours une décision politique, même si celle-ci sera parfois prise par défaut. Un rapide rappel de la chronologie de l'évolution des relations transatlantiques permet de surmonter en partie cet obstacle analytique.

Au lendemain de l'unité allemande le 3 octobre 1990, de nombreuses interrogations se firent jour concernant l'avenir de l'OTAN. Au plan juridique, la Seconde Guerre mondiale en Europe était terminée, et avec elle disparaissaient les conditions de la naissance de la guerre froide. L'URSS, qui n'était plus en situation d'exercice d'hégémonie dans une Europe centrale et orientale libérée de sa tutelle idéologique, politique et stratégique, allait au terme des accords « 2 + 4 » de juillet 1990 progressivement évacuer ses forces d'Allemagne : en août 1994, la dernière unité militaire russe quitte l'ancienne Allemagne de l'Est. Des mouvements de retrait similaires se dérouleront au terme d'accords spécifiques entre l'URSS puis la Russie, à partir de décembre 1991 et les autres pays d'Europe centrale et orientale. L'alliance politico-militaire liant l'URSS à ses anciens satellites était formellement dissoute en juillet 1991, le Pacte de Varsovie ayant cessé de fonctionner dans la pratique dès 1989. Le pendant économique de cette alliance, qu'était le COMECON[3], était liquidé en même temps. Dans ces conditions, à quoi servirait l'OTAN ?

Dans un premier temps, les augures n'étaient pas bons pour l'Alliance atlantique. Les États-Unis avaient déclaré dans les premières semaines des guerres de Succession de Yougoslavie leur refus de s'engager militairement dans les Balkans : James Baker, le très « réaliste » secrétaire d'État de George Bush père, avait ainsi déclaré en juin 1990 : « *We don't have a dog in this fight* », ou traduit en termes polis, les États-Unis n'ont pas d'intérêts en jeu dans ce conflit. Pendant les trois années suivantes, les États-Unis n'en furent pas moins présents dans le jeu diplomatique balkanique, non sans gêner parfois les efforts de leurs partenaires européens qui avaient déployé de l'ordre de 20 000 soldats en Bosnie et en Croatie sous l'égide de l'ONU ; mais ils refusèrent de courir des risques militaires. Leur engagement, à travers l'OTAN ou en national, se limita à des missions de parachutage de vivres et à des patrouilles de défense aérienne. Paradoxalement, cette posture, qui plongea l'OTAN et la relation transatlantique dans un embarras profond contribua à replacer l'une et l'autre au centre du jeu. En effet, l'ONU s'avéra incapable de promouvoir un règlement du conflit et, pis encore, ne put prévenir un processus de nettoyage ethnique culminant avec le massacre de sang-froid d'environ 7 000 musulmans après la prise de Srbrenica, ville que les forces des Nations unies avaient l'obligation de protéger. Quant à l'Union européenne, née officiellement le 1er novembre 1994 avec l'entrée en vigueur du traité de Maastricht de décembre 1991, elle ne manifestait pas la volonté commune et ne disposait pas des outils qui lui auraient permis de se substituer militairement et politiquement à l'ONU. Restait l'OTAN.

Une fois que les États-Unis se mirent d'accord pendant l'été 1995 pour s'engager directement dans le conflit, en lieu et place de l'ONU, tout alla très vite. Après une campagne aérienne de l'OTAN de trois semaines, doublée des combats terrestres d'une force anglo-franco-néerlandaise dégageant les accès à Sarajevo, un cessez-le-feu entra en vigueur le 5 octobre 1995. La négociation de Dayton qui s'ensuivit fut une affaire largement pilotée par les responsables américains, principalement Richard Holbrooke, secrétaire d'État putatif d'une éventuelle présidence de John Kerry, et pendant neuf ans, l'OTAN a assuré la stabilisation de la Bosnie. Ce n'est qu'à la fin 2004 que l'Union européenne put prendre les rênes de la force militaire internationale en Bosnie, avec le déploiement des 7 000 soldats de l'opération Althea.

La suite des événements dans les Balkans aura, avec des variantes, confirmé la centralité de l'OTAN. Ce fut notamment le cas avec la guerre du Kosovo avec, cependant, des conséquences contre-intuitives, puisque cette première grande guerre de l'OTAN aura aussi été sa dernière. Dès lors que plus de 90 % de la structure des forces américaines relève de commandements n'ayant rien à voir avec l'Europe et l'OTAN, il était inévitable que l'Alliance atlantique ne puisse prétendre commander les armées américaines dans des opérations impliquant un niveau de risques et de ressources élevé. Ce constat résulte directement des conditions nées de la fin de la guerre froide. Cependant, il fallut attendre le 11 septembre 2001 pour que cette réalité se transforme en doctrine. Dans les jours suivants, Donald Rumsfeld déclara que la « mission détermine la coalition ». Appliquée à la nécessité de conduire sans délai la campagne d'Afghanistan, sans passer par la mobilisation des commandements otaniens, la déclaration n'était pas contestable. En revanche, elle pouvait aussi être interprétée comme signifiant que les États-Unis n'avaient plus besoin au plan stratégique ou politique de l'existence de grandes alliances militaires permanentes comme l'OTAN ou des alliances bilatérales avec les puissances d'Asie et d'Océanie.

De fait, face aux grands défis stratégiques actuels, terrorisme, prolifération, montée en puissance... de la Chine, le réseau d'alliances bâties après 1945 n'est pas l'instrument le plus naturel ou efficace de la réponse. Conclure que les États-Unis n'ont pas besoin de partenaires était cependant un pas bien imprudent trop rapidement franchi par les « Vulcains ».

Parallèlement à cette remise en selle quelque peu inattendue mais provisoire de l'OTAN se reproduisait un processus d'affranchissement des États-Unis par rapport aux disciplines de l'ONU probablement durable mais moins significatif qu'il n'y paraît. Les États-Unis furent un acteur central de l'« invention » de l'ONU, avec les grandes étapes que furent d'abord la Charte de l'Atlantique en 1941, à la suite de laquelle, le terme de « forces des Nations unies » figura dans la propagande de guerre des alliés, de 1942 à 1945 avec la conférence Churchill-Roosevelt-Staline à Téhéran en novembre 1943 qui décida d'installer le siège de l'ONU à New York[4], et enfin avec la conférence de San Francisco, créant l'Organisation en juillet 1945. En tant que leader du camp occidental, les États-Unis s'investirent fortement dans l'action de l'ONU tout au long de la guerre froide. Les États-Unis comme l'URSS avaient cependant évité de faire participer leurs soldats aux opérations de maintien de la paix. S'il y avait des observateurs américains ou soviétiques dans certaines missions de l'ONU, aucun Casque bleu n'était issu des rangs de l'*US Army* ou de l'Armée rouge. Les États-Unis avaient massivement participé aux combats de la guerre de Corée, dans le cadre d'un mandat des Nations unies, adopté par le Conseil de sécurité à l'époque d'un boycott soviétique[5] : mais il s'agissait là de forces commandées par les États-Unis, qui conservaient le contrôle des opérations.

Par ailleurs, et tout comme l'URSS, la France ou le Royaume-Uni, les États-Unis n'avaient pas pendant la guerre froide pour habitude de demander au Conseil de sécurité l'autorisation de se livrer à des hostilités. Le conflit Est-Ouest rendait l'accord du Conseil improbable... Au Vietnam comme en Afrique, en Afghanistan comme à Suez, le Conseil de sécurité n'était pas saisi en première instance. S'y substituaient tantôt une interprétation libérale de la Charte de l'ONU avec l'invocation à tout propos et hors de propos de l'article 51 sur le droit à la légitime défense individuelle ou collective, tantôt la pétition de principe que l'ONU n'avait rien à y voir, la guerre d'Algérie étant par exemple considérée par Paris comme un conflit interne à la France.

Autrement dit, tout ce qui apparaît à partir du milieu des années 1990, et surtout depuis l'accession au pouvoir de George W. Bush en janvier 2001, comme une évolution unilatéraliste des États-Unis doit moins être comparé à la période 1945-1987 qu'à celle de la fin de la guerre froide. À l'aune des pratiques de la guerre froide, nous sommes tous des multilatéralistes. C'est surtout par rapport à la brève « embellie multilatéraliste » du tournant des années 1987-1992 que la tendance américaine a bien été celle d'un désengagement progressivement plus important vis-à-vis de l'ONU. Le glissement unilatéraliste des États-Unis doit ainsi se comprendre comme une occasion manquée. En effet, la fin de la guerre froide, pendant les dernières années de l'URSS, avait entraîné une période d'extraordinaire communion multilatéraliste. C'est d'abord le rapprochement américano-soviétique, entre Reagan et Gorbatchev, marqué par le sommet de Reykjavik où l'accord se conclut sur l'élimination des euromissiles organisée par le traité de Washington de décembre 1987, avec la destruction complète des SS-20 et des *Pershing* en trois ans et sur la perspective d'une éventuelle destruction de toutes les armes nucléaires. Ensuite, avec Édouard Chevarnadzé, dernier ministre des Affaires étrangères de l'URSS, on assista à la mise en selle du Conseil de sécurité comme véritable instance de sécurité collective, dans l'esprit de la Charte de l'ONU. Le point d'orgue fut la guerre du Golfe, préparée et conduite de bout en bout comme une opération pilotée au plan politique par le Conseil de sécurité. Certes, le contrôle opérationnel était américain et la direction politique réelle se passa à Washington en liaison étroite avec Londres et Paris : mais la légitimité était bien celle de l'ONU. Ce point d'orgue ne s'arrêta pas avec le cessez-le-feu du 28 février 1991. Ensuite fut organisée la première intervention humanitaire autorisée par le Conseil de sécurité, une trentaine de milliers de soldats occidentaux de la coalition de la guerre du Golfe intervenant au Kurdistan irakien en avril 1991 pour contrecarrer la répression sanglante du Raïs de Bagdad. Ce fut aussi de 1991 à 1998 l'envoi par le Conseil de sécurité des inspecteurs de l'ONU pour mettre fin aux programmes irakiens d'armes de destruction massive, ce qu'ils firent avec une efficacité qui n'aura pas été reconnue à l'époque.

Au-delà de la guerre du Golfe et de ses suites, ce fut à partir de novembre 1992 l'intervention de l'ONU en Somalie qui fut un désastre entraînant le premier pas du désengagement américain vis-à-vis de l'ONU. À l'époque cependant, cette intervention était révolutionnaire : un pays souverain était envahi par l'ONU aux termes du chapitre VII de la Charte, qui prévoit le recours à la force, pour non seulement mettre fin à un désastre humanitaire, mais aussi pour y mettre en œuvre un début de stabilisation et de reconstruction. Le « droit d'ingérence » invoqué par Bernard Kouchner au Conseil de sécurité [6] et appliqué une première fois au Kurdistan irakien avait acquis droit de cité, et le Conseil de sécurité était confirmé dans son rôle élargi d'instance efficiente de sécurité collective.

La Roche Tarpéienne est proche du Capitole. Par le déploiement de 30 000 soldats américains en Somalie, dont la plus grande partie était rattachée directement au commandement des Nations unies, Washington s'engageait dans sa première grande opération sous le drapeau de l'ONU. Ce fut aussi la dernière. La présence américaine à Mogadiscio se mua en drame télévisé, avec la mort de 18 soldats des forces spéciales pris en embuscade en octobre 1993. Quelques semaines plus tard, ce fut le retrait sans gloire. Plus grave, l'échec en Somalie pesa lourdement dans la décision américaine de ne pas intervenir au printemps 1994 pour interrompre le génocide au Rwanda dont le bilan fut effroyable avec de l'ordre de 800 000 morts. La débâcle de Mogadiscio constitue ainsi un vrai tournant, mais moins par rapport à une réalité préexistante que par rapport à ce qui aurait pu advenir sans cela. En effet, les États-Unis n'avaient pas, jusqu'à la fin de la guerre froide participé à des actions militaires conduites sous l'égide de l'ONU.

Dans la pratique, l'attitude des États-Unis par rapport à l'ONU dans la dizaine d'années qui a suivi se traduit ainsi plus par la continuité que par une rupture. Certes, l'administration Bush a fait la guerre en Irak sans autorisation explicite du Conseil de sécurité ; elle n'avait d'ailleurs tenté qu'à contrecœur d'obtenir sans succès l'aval de l'ONU, sa pente naturelle étant de s'en passer. L'administration Clinton n'avait cependant pas davantage demandé la permission du Conseil de sécurité pour frapper l'Irak en décembre 1998 après le départ des inspecteurs de l'ONU lors de l'opération « Renard du Désert ». Comme ses partenaires européens, elle n'avait pas sollicité une autorisation expresse du Conseil avant d'ouvrir la campagne aérienne du Kosovo entre mars et juin 1999, par crainte pleinement justifiée d'un veto russe. La légitimation par le Conseil de sécurité de la guerre du Kosovo se fit *ex post facto* avec la résolution 1244 adoptée peu après l'arrêt des opérations.

Symétriquement, l'administration Bush n'a pas hésité à faire appel à l'autorité du Conseil pour faire pression sur le Soudan face au désastre humanitaire au Darfour, ou pour muscler le dispositif international de lutte contre la prolifération nucléaire. D'une certaine façon, et malgré la haine – le mot n'est pas trop fort –

qu'inspire l'ONU dans les tréfonds d'une Amérique ultra-conservatrice rejetant toute discipline qui lui soit extérieure. Ce n'est pas de sitôt que les États-Unis inviteront l'ONU à quitter New York. Ce sont au demeurant les États-Unis, et non pas l'Union européenne, qui ont été en pointe pour l'organisation de l'action du Conseil de sécurité dans la crise humanitaire du Darfour en juillet 2004. Il est trop facile de mettre ce militantisme sur le compte de la campagne présidentielle, pendant laquelle il faut faire plaisir à chaque communauté ethnique, dans le cas d'espèce, l'électorat afro-américain (10 % environ de la population). En tout état de cause, cet électorat vote massivement démocrate. Et même si la raison première était électorale, il n'y aurait rien de déshonorant si cela sert une bonne cause : ce qui est moins honorable, c'est de ne pas agir de même en d'autres circonstances. Il y a trop d'avantages, même pour une administration aussi unilatéraliste que celle de George W. Bush, à pouvoir passer par l'ONU en tant que de besoin d'autant plus que l'opinion publique américaine reste attachée à l'Organisation[7].

L'attitude plus générale de la classe politique américaine vis-à-vis des disciplines multilatérales a nettement changé au cours des dix dernières années. En la matière, il existe une différence sensible entre la période Clinton et l'administration Bush : dans le premier cas, on peut reprendre la formule « multilatéralement si possible, unilatéralement si nécessaire » employée tant par le président Clinton que Mme Albright en tant que secrétaire d'État. Avec Bush, il conviendrait plutôt d'écrire « unilatéralement autant que possible, multilatéralement s'il n'y a vraiment pas moyen d'agir autrement ». Le rejet en bloc du protocole de Kyoto, le refus catégorique d'envisager la ratification du statut de la Cour pénale internationale, l'arrêt quasi complet de toute négociation multilatérale sur le désarmement par l'abandon des discussions sur la vérification du traité interdisant les armes biologiques au moment même des attaques à l'anthrax, l'opposition à la prolongation des travaux des inspecteurs de l'ONU en Irak en 2003 : ces actes symbolisent cette attitude nouvelle.

Il serait rassurant de pouvoir écrire qu'elle est l'expression d'une idéologie portée provisoirement au pouvoir à l'occasion des élections de 2000 et qu'avec la fin du second mandat de George W. Bush en janvier 2009, on assisterait au retour aux pratiques des décennies précédentes. Sans nul doute, le style d'une administration démocrate ou d'une administration républicaine modérée incarnée par un homme comme le sénateur Chuck Hagel serait en effet très différent de celui des « Vulcains » : en diplomatie, le style, c'est aussi la substance.

Le retour au *statu quo ante* est cependant hautement improbable, pour au moins deux raisons. D'abord, le glissement vers l'unilatéralisme est un mouvement ample, débordant de loin du noyau dur républicain, qui s'est manifesté progressivement, en partie du fait même des conditions nouvelles nées de la fin de la guerre froide. Dans la deuxième moitié des années 1990, le Sénat partagé (52/48 puis 55/45) entre républicains et démocrates prend l'initiative de mettre en place un système de sanctions contre tout pays, fût-il allié des États-Unis, et toute personne morale ou physique tierce qui se permettrait de commercer avec Cuba, la Libye ou l'Iran ou d'y investir. Bien que le *Iran-Libya Sanctions Act* (ILSA) et le *Helms-Burton Act* aient correspondu à des initiatives de « durs » du Parti républicain, ils furent quand même adoptés par des majorités massives au Sénat en 1996 : 96 voix et 74 voix sur 100, respectivement. Pourtant, le Sénat américain n'est pas un antre de la réaction : les sénateurs sont élus au suffrage universel direct, au nombre de deux par État, ce qui introduit des distorsions démographiques, mais en l'occurrence peu de biais sociologiques ou partisans ; les petits États ne sont pas en moyenne plus ruraux ou plus extrêmes que les États les plus peuplés. Du fait de la durée de leur mandat (six ans), de leur compétence souveraine en politique étrangère et de sécurité et du caractère professionnel de leur soutien organisationnel, les sénateurs sont moins soumis à la volatilité électorale que leurs collègues de la Chambre des Représentants, au mandat de deux ans. Ils ont souvent le temps de se bâtir une vraie expertise. Le glissement unilatéraliste du Sénat s'est produit pendant les années Clinton, et il représente une tendance durable. Comme on l'a montré avec le *Iraq Liberation Act* de 1998, tout cela s'est passé bien avant l'arrivée de George W. Bush à la Maison Blanche.

S'y est ajoutée une autre raison puissante, avec les attaques du 11 septembre 2001. Celles-ci furent ressenties par les Américains comme l'agression monstrueuse qu'elle l'était assurément visant spécifiquement les États-Unis, ce qui était indiscutablement le cas ce jour-là. Le « Nous sommes tous Américains » de Jean-Marie Colombani[8] avait son pendant aux États-Unis : c'est l'Amérique en tant que telle qui est attaquée. Cette lecture américano-centrée continue de prévaloir aux États-Unis. L'idée qu'Al Qaïda puisse viser tous les mécréants et pas seulement les Américains est aussi peu reçue dans une large partie de l'opinion américaine qu'elle l'est dans certains milieux européens, soulagés par la supposition qu'Al Qaïda s'en prend aux seuls Américains. Cette attitude converge avec le sentiment d'exceptionnalisme existant aux États-Unis depuis les origines : les États-Unis ont été attaqués parce qu'étant exceptionnels ; ou encore, les États-Unis ont été attaqués, donc ils sont exceptionnels. On aura du mal à critiquer cet état d'esprit, puisque l'exception américaine existe bel et bien, à travers les conditions de naissance des États Unis et du fait de leur puissance sans égale.

À cela s'ajoute la supposition que les États-Unis en tant que seule superpuissance représentent aux yeux d'Al Qaïda une cible de premier choix, la « tête du serpent », même si elle est loin d'être la seule. Dans ces conditions, les Américains continueront de considérer que la primauté dans la lutte contre Al Qaïda leur revient inévitablement. Surtout, la perception d'une asymétrie des risques face au terrorisme islamique conforte la notion que les États-Unis ne peuvent en dernière analyse que compter sur eux-mêmes pour mener à bien la lutte contre Al Qaïda.

Cet état d'esprit s'apparente, sous une forme atténuée, à l'attitude des Israéliens pour lesquels leur sécurité ultime ne doit pas être fondée sur des assurances de puissances tierces : ainsi, la dissuasion nucléaire et la supériorité conventionnelle de Tsahal demeurent nécessaires aux yeux des Israéliens, nonobstant l'excellente coopération de défense avec les États-Unis ou la garantie de sécurité étendue par ceux-ci. Même si pour nombre d'Américains, et pas seulement pour Michael Moore à travers *Fahrenheit 911*, George W. Bush a abusé de la confiance placée en lui pour mener la guerre contre Al Qaïda, cela ne change pas le fondement du raisonnement selon lequel les États-Unis se posent en seuls responsables de leur sécurité. Pour la majorité de l'opinion américaine, il appartient à l'Amérique de déterminer les grandes orientations de la lutte contre la menace terroriste internationale, qu'il mélange ou non les torchons fétides du terrorisme jihadiste avec les serviettes sanglantes de la dictature saddamienne. Face au risque hyperterroriste, ce leadership sera considéré comme une donnée, et la tendance d'attendre des pays alliés un alignement pur et simple plutôt qu'un partenariat respectueux de chacun sera forte.

Ainsi, plus de trois ans après les attaques du 11 septembre, et trois lustres après la fin de la guerre froide, le paysage est bouleversé : une OTAN marginalisée au plan stratégique par les États-Unis, une ONU instrumentalisée, et une tendance affirmée à l'unilatéralisme formant le contexte dans lequel se produit l'impasse des États-Unis au Moyen-Orient et que s'affirme la menace du terrorisme de destruction de masse. Bien sûr, ces traits ne sont pas tous propres aux États-Unis : la fin des alliances permanentes ou les contradictions de la politique moyen-orientale sont des facteurs partagés par les Européens. Cette observation est elle-même le produit de ce qu'ont de durable les causes de l'évolution récente des États-Unis. La part propre à l'idéologie de George W. Bush n'est pas ce qui compte le plus, même si la mise à l'écart de l'équipe des « Vulcains » est peut-être devenue une condition nécessaire à la définition d'un nouveau partenariat euro-américain. Cette remarque découle *a priori* de l'accumulation de défiance et de rancœur entre l'administration Bush et l'opinion publique internationale. S'y ajoute une raison spécifique, à savoir la politique énergétique et environnementale poursuivie par la Maison Blanche et ses soutiens depuis janvier 2001. Ce n'est pas seulement le refus de ratifier le traité de Kyoto en tant que tel, même si ce sujet a été un symbole puissant de ce qui sépare l'administration Bush de tous ceux qui ne partagent pas son point de vue. Plus substantiellement, cette administration a favorisé sans relâche un ordre du jour basé sur la consommation sans frein d'énergie notamment pétrolière sans égards ni pour les phénomènes de dépendance que ceci peut entraîner par rapport à la zone de tempêtes qu'est la région du Golfe, ni pour les conséquences en matière d'accumulation des gaz à effet de serre, qui se font pourtant sentir aussi aux États-Unis. Ceci s'apparente à une forme de mépris pour les « autres », le reste de l'humanité, voire même pour la lutte contre les auteurs d'actes d'hyperterrorisme – tel le « 9/11 » – qui ne peut être qu'entravée par l'accroissement de la dépendance américaine par rapport au pétrole puisé dans la région d'origine d'Al Qaïda.

Jusqu'ici a été mis en exergue le risque d'hyperterrorisme et de prolifération des armes de destruction de masse qui à court et moyen terme est pour les pays industrialisés le plus notable, d'autant que ce risque est exaspéré et exacerbé par les conditions conduisant à un choc des civilisations entre l'Occident et les peuples du Moyen-Orient arabe, voire au-delà dans la communauté des croyants musulmans non arabes. Cependant, ce qui rend ce risque si effrayant dans la durée, c'est qu'il contribue à empêcher la gestion efficace des autres grands défis auxquels nos pays et parfois la planète entière ont à faire face, aux tout premiers rangs desquels figurent : l'émergence de la Chine comme superpuissance ; le réchauffement planétaire ; le désastre africain.

Dans ces trois cas, la mésentente transatlantique jointe à la nécessité de gérer le risque hyperterroriste réduisent les chances d'une issue sinon heureuse, du moins acceptable. Et dans les deux premiers cas, il existe de surcroît une interférence négative directe liée à la situation créée par ce que nous avons appelé l'impasse de la politique moyen-orientale des États-Unis. Naturellement, bien d'autres défis se présentent ou se présenteront à la Communauté internationale : mais ces trois-là sont de nature à modeler le système international futur au cours des prochaines décennies.

L'émergence de la Chine

C'est Chou En-lai qui, en réponse à une question d'André Malraux sur les conséquences de la Révolution française, aurait répondu qu'il était trop tôt pour se prononcer. Ce qui vaut pour une histoire déjà ancienne, vaut *a fortiori* pour un avenir relativement proche : nul ne peut dire où en sera la Chine dans vingt ans. Superpuissance communiste, démocratique ou fasciste ? Empire expansionniste ou pays du *statu quo* ? Un État unitaire ou un grand désordre ? Ce que nous savons, c'est que la Chine a quadruplé son PIB en moins de vingt ans, que la croissance de son PIB a représenté le quart de la croissance du Produit mondial brut pendant les années 1990, soit autant que la contribution américaine pendant les années du « boom clintonien », qu'elle a stabilisé sa démographie (qui devrait atteindre son maximum autour de 2030 avec près de 1,5 milliard d'habitants), qu'elle est devenue le cinquième exportateur mondial. Moyennant encore dix ou quinze ans de croissance sur la lancée, des « Quatre Modernisations » entamées sous Deng Xiaoping il y a vingt-cinq ans, et la Chine sera l'équivalent économique des États-Unis ou de l'Union européenne. D'ores et déjà, l'appétit chinois pour les aliments matériels de sa croissance est devenu un des moteurs de l'augmentation du prix des matières premières.

S'il n'est pas encore absolument certain que la Chine accède au rang de superpuissance, la probabilité en est forte. À ce stade, seuls des dysfonctionnements dramatiques pourraient l'empêcher tels que l'éclatement de la Chine ou l'implosion du miracle économique chinois, qui auraient un effet majeur et négatif pour la région Asie-Pacifique et probablement pour le monde. L'accompagnement des évolutions de la Chine au cours des deux prochaines décennies sera un défi géostratégique à l'échelle de la planète. Les États-Unis et l'Union européenne ont en la matière un intérêt commun qui se double cependant d'une forte asymétrie des intérêts. L'intérêt commun est que l'Asie orientale, et donc la Chine, continue d'être une zone stratégiquement stable et économiquement prospère. Tout conflit majeur, par exemple autour de la question de Taiwan, aurait un impact négatif sur les conditions de la prospérité de l'ensemble des pays industrialisés. Pour l'Europe, comme pour les États-Unis, l'Asie orientale est devenue le premier partenaire commercial. L'asymétrie des intérêts provient du fait que les États-Unis sont le pivot de la stabilité stratégique dans la région, alors que l'Europe en est largement absente, notamment au plan militaire.

Grâce à la garantie de sécurité américaine en Asie orientale, la Chine ne craint pas activement le Japon et le Japon ne redoute pas la Chine au point de se doter d'armes nucléaires ; la Corée du Sud vit en raisonnablement bonne intelligence avec la Chine, le Japon et la Russie, les États-Unis défendant la sécurité de la Corée du Sud par rapport à la Corée du Nord ; la sécurité de Taiwan est également assurée par Washington en contrepartie de la non-déclaration d'indépendance de Taiwan, qui serait un *casus belli* pour la Chine ; l'Asie du Sud-Est s'accommode d'autant plus aisément des ambitions chinoises et japonaises que les États-Unis constituent un grand arrière stratégique. Tous ces éléments constitutifs de l'ordre stratégique en Asie-Pacifique depuis la fin de la guerre du Viêtnam dépendent en dernière analyse de la présence militaire et de la politique de sécurité des États-Unis dans la région. Pour Washington et ses 130 000 soldats dans la région, toute menace sur cet ordre mettrait au défi les intérêts vitaux américains, à l'instar de ce qui avait été le cas avec l'Alliance atlantique en Europe occidentale du temps de la guerre froide. Avec cependant une différence majeure : en Asie orientale, l'ordre stratégique a été maintenu jusqu'à présent sans guerre froide entre la Chine et les États-Unis.

À cet engagement américain ne correspond pas une prise de risque stratégique équivalente de l'Europe. De la même façon que l'Asie n'était pas un acteur stratégique dans la confrontation entre l'OTAN et le Pacte de Varsovie en Europe, l'Europe est largement absente du paysage de sécurité asiatique. Cette asymétrie constitue un terrain fertile pour le développement des malentendus euro-américains. Ainsi, lorsque des pays européens tentent de lever l'embargo de l'Union européenne sur les ventes d'armes et les transferts de technologies critiques vers la Chine, les États-Unis peuvent craindre une modification dangereuse de l'ordre stratégique. Avec un partenariat confiant entre les États-Unis et l'Europe, l'harmonisation des politiques envers la Chine est plus aisément concevable que lorsque les rapports transatlantiques sont exécrables, ce qu'ils sont du fait notamment des désaccords concernant le Moyen-Orient. Ou encore, un désaccord substantiel concernant l'attitude à adopter vis-à-vis de la Chine aura un effet de ricochet négatif sur l'ensemble de la relation transatlantique, y compris sur les dossiers moyen-orientaux. Il y a ici l'esquisse d'un « triangle des Bermudes » géopolitique.

George W. Bush a géré avec prudence les relations avec Pékin. Aussi la première crise internationale qu'il connut fut « l'incident de Haïnan » en avril 2001, lorsqu'un avion espion américain fut arraisonné par les Chinois après avoir précipité dans les flots un avion de chasse chinois trop entreprenant. L'affaire avait été réglée avec professionnalisme. De même, après le « 9/11 », les États-Unis respectèrent les intérêts de la Chine, y compris au sujet de Taiwan, les mises en garde du président Bush contre une déclaration d'indépendance taiwanaise ayant été tout aussi nettes que celles faites par le président Chirac. Ceci tranchait avec une école de pensée largement répandue dans les milieux stratégiques républicains, suivant laquelle une guerre froide serait inévitable, et donc il conviendrait de préparer les armées américaines à un conflit avec la

Chine à un horizon de quinze à vingt ans. Toutefois, cette école de pensée n'a pas disparu, et le président Bush n'a jamais récusé ses propos de campagne en 2000, lorsqu'il déclarait que la Chine était un « concurrent stratégique » des États-Unis. La politique de George W. Bush envers la Chine semble être un mélange de prudence tactique et d'indétermination stratégique. Il y aurait là un champ de discussion et de concertation substantiel entre les États-Unis et l'Europe : encore conviendrait-il que l'état général des relations transatlantiques se prête à un tel exercice.

Enfin, la montée en puissance de la Chine aura un impact direct sur la région du Golfe. Aujourd'hui, la Chine importe plus de 2 mbj de pétrole, soit à peine plus que la France. Cependant, ensemble, la Chine et la « deuxième Chine » qu'est en train de devenir l'Inde, en sont déjà à près de 4 mbj, soit le tiers des importations nettes américaines. Dans cinq à dix ans, la demande chinoise et indienne pèsera autant, voire davantage, sur les marchés pétroliers, que l'Union européenne ou les États-Unis. Dans l'immédiat, la Chine tente de s'associer à l'exploration, la production et l'exportation pétrolière dans des pays comme le Soudan, le Kazakhstan et pour l'instant avec moins de succès, la Russie, vers laquelle lorgne le Japon, autre gros consommateur. En dernière analyse cependant, il n'y a guère que le pétrole du Golfe qui permette d'assouvir la soif des nouveaux géants industriels d'Asie. Suivant que la Chine sera un adversaire ou un partenaire stratégique des États-Unis, la présence chinoise dans le Golfe pourra avoir des visages très contrastés. La seule chose dont le Golfe n'ait pas besoin, c'est l'introduction d'une rivalité supplémentaire s'ajoutant à celles qui s'y déploient déjà...

Le réchauffement planétaire et la politique énergétique

La montée en puissance, dans tous les sens du mot, de la Chine est par ailleurs liée au grand défi planétaire qu'est le réchauffement du climat mondial. En effet, une Chine en pleine industrialisation qui adopterait purement et simplement le modèle de consommation américain, rendrait rapidement intolérables à la fois la surcharge planétaire en gaz à effet de serre et la pression sur les marchés pétroliers. Or, si les seconds comportent un élément d'autorégulation (l'augmentation des prix du pétrole étant un mécanisme efficace de réduction de la consommation), l'impact sur le climat mondial sera subi par tous, et avec un décalage dans le temps entre les causes et les effets qui en rendra la correction difficile et douloureuse. Or la Chine, et c'est l'un des défauts du traité de Kyoto, ne se voit pas assigner de limites de croissance à la production de gaz à effet de serre. Ainsi, une Amérique irresponsable, car refusant d'assumer les disciplines la concernant dans le protocole de Kyoto, et une Chine laissée sans entraves représentent ensemble la principale menace pour l'équilibre écologique de la planète. Avec un PIB sensiblement identique à celui de l'Union européenne, les États-Unis produisent deux fois plus de gaz à effet de serre que l'Europe.

De toute évidence, pour les Européens, il est vital que les États-Unis adoptent une politique limitant la production de gaz à effet de serre, et que ceux-ci coopèrent avec la Chine en la matière. Dans le cas des États-Unis, une telle discipline passerait nécessairement par la réduction de la consommation d'énergie, notamment pétrolière : avec plus de 20 mbj, les États-Unis consomment près de quatre fois plus de pétrole que le Japon (5,5 mbj) alors que ce pays a un PIB équivalent à 60 % de celui des États-Unis. Les mécanismes pour y parvenir peuvent prendre diverses formes : ralliement au traité de Kyoto, le cas échéant amendé, mise en place effective d'un marché mondial des quotas de rejet des gaz à effet de serre, programmes publics de financement des sources d'énergie non pétrolière, notamment pour l'automobile avec la cogénération et les moteurs à hydrogène... L'interaction forte entre la politique ou, plus exactement, l'absence de politique énergétique et écologique des États-Unis d'une part, et la politique moyen-orientale de l'autre, doit être soulignée.

Ce n'est pas le pétrole qui a motivé la guerre d'Irak, contrairement à une idée largement répandue en Europe, et qui est aussi fausse que l'idée américaine selon laquelle la France a refusé de soutenir la guerre d'Irak pour des raisons pétrolières symétriques (la France étant supposée avoir passé des contrats pétroliers avec le régime de Saddam). Dans la pratique, l'Irak de Saddam, malgré l'impact des sanctions internationales sur l'exploitation pétrolière, était un fournisseur important et fiable du marché international. En 2001, dernière année « normale » avant la montée en crise, l'Irak produisait 2,8 mbj de pétrole et en exportait 2,5 mbj, tant dans le cadre des contrats de l'ONU (« pétrole contre nourriture ») qu'en contrebande. Cela en faisait le troisième exportateur mondial, juste derrière la Russie et à égalité avec le Koweït, les Émirats Arabes Unis et l'Iran. Les États-Unis étaient le premier destinataire du pétrole irakien avec

900 000 mbj ; ce qui représentait quand même 8 % du total des importations américaines. La France, pour sa part, ne s'approvisionnait pratiquement pas en Irak et contrairement à la Russie, elle n'avait pas en main des contrats de prospection et *a fortiori* de production qui n'auraient de toute façon pas pu être mis en vigueur tant que les sanctions de l'ONU étaient en place. Point n'est besoin de chercher un complot pétrolier dans l'écheveau déjà complexe et contestable des motivations amenant les États-Unis à envahir un Irak qui, plus d'un an après la guerre, produisait moins de pétrole que du temps des sanctions.

À l'inverse, l'accès à un pétrole bon marché et en quantités croissantes, dont l'Arabie Saoudite est de loin le premier détenteur avec 23 % des réserves prouvées mondiales et le premier exportateur avec 8,4 mbj en 2003, est un enjeu stratégique de premier ordre. Nous avons vu l'importance qu'a acquise cet impératif dans la détermination de la politique américaine au Moyen-Orient depuis une trentaine d'années. Au cours des dix dernières années, la consommation pétrolière américaine est passée de 17,2 mbj à 20,1 mbj, soit + 16 %. Si les États-Unis ont très activement cherché à diversifier les approvisionnements pour faire face à cet accroissement de la demande, notamment à travers une politique de captation des nouvelles provinces pétrolières africaines du golfe de Guinée (Guinée équatoriale et Sao Tomé-et-Principe) et du Sahel (Tchad), le golfe Persique reste absolument indispensable, avec près de 21 mbj de production en 2003. Le royaume saoudien en est la clé de voûte qui souligne la contradiction toujours plus difficile à gérer entre l'activisme d'Al Qaïda disposant depuis la chute de Saddam de sources illimitées d'armes et d'explosifs dans l'Irak voisin de l'Arabie Saoudite, le féodalisme du régime des Saoud, les difficultés économiques et sociales du royaume et la haine de l'Amérique, du fait entre autres du conflit israélo-arabe.

Dans ces conditions, toute tentative américaine de réduction de sa demande sur le pétrole saoudien sera bonne à prendre, notamment pour récupérer quelque marge de manœuvre politique. C'est ce qu'avait exprimé à plusieurs reprises John Kerry pendant la campagne électorale, évoquant « une Amérique qui compte sur sa propre ingéniosité et sur l'innovation, et non sur la famille royale saoudienne », ajoutant qu'« aucun Américain en uniforme ne devrait être tenu en otage par la dépendance énergétique américaine à l'égard du Moyen-Orient, point final » (5 août 2004). Une réduction de l'appétit énergétique américain pourrait avoir à terme un effet matériel sur la capacité de Washington à sortir de son impasse moyen-orientale actuelle. Ajoutons que l'Arabie elle-même ne souffrirait vraisemblablement pas au plan économique d'une telle évolution, grâce à la consommation croissante de la Chine et de l'Inde. La très nette victoire de George W. Bush et du parti républicain en novembre 2004 bloque *a priori* toute évolution dans ce sens.

Une politique volontariste de réduction des rejets de gaz à effet de serre et de diminution de la dépendance pétrolière aurait pourtant pu être un ciment majeur dans la reconstruction de la relation transatlantique ; au lieu de cela, elle est devenue un des éléments de discorde les plus profonds et les plus durables entre les États-Unis et une Europe unie sur ce sujet. En effet, la décision abrupte et sans nuances de l'administration Bush en mars 2001 de rejeter en bloc les disciplines du traité de Kyoto signé par le président Clinton en 1997 a été l'une des initiatives américaines les plus mal ressenties en Europe, pour des raisons de style et de substance. Intervenant en début de mandat, la décision américaine fit l'effet d'une douche froide sur les partenaires européens : la Maison Blanche ne procédait pas à une critique constructive du traité, mais manifestait son hostilité foncière à l'égard de toute responsabilité partagée pour l'équilibre écologique de la planète. Le mépris pour les questions environnementales dont l'importance politique chez nos partenaires britanniques, allemands ou scandinaves est encore plus grande qu'en France, était magnifié par l'expression exacerbée d'unilatéralisme hautain et d'arrogance méprisante : les États-Unis s'arrogeraient le droit de n'en faire qu'à leur tête, par rapport à des intérêts qui sont loin de leur être spécifiques...

À cette politique américaine s'ajoute une pratique sociale symbolisée par le « boom » des « SUV » (*Sport Utility Vehicles*). Ces super 4 × 4 échappent aux quelques limitations administratives pesant sur l'industrie automobile américaine en termes de consommation d'essence des voitures, car ils sont réputés être utilitaires et à usage professionnel. La cerise sur le gâteau a été la mise sur le marché, à partir de 2002, d'une version SUV civile du « Humvee », le véhicule militaire ayant remplacé la Jeep dans les armées américaines. La convergence entre la symbolique du conflit irakien les « Humvee » étant évidemment mis en scène dans les actualités télévisées du conflit et l'irresponsabilité énergétique est totale.

Le « désastre africain »

Le « désastre africain » paraît appartenir à un autre présent et un autre avenir que les problèmes qui viennent d'être décrits. L'Afrique subsaharienne a, dans l'ensemble, évolué suivant un autre rythme que le reste de la planète, se traduisant à la fois par la marginalisation du « continent noir » et par l'accumulation des malheurs de tous ordres. La marginalisation, c'est-à-dire l'Afrique vue depuis le reste du monde, est patente sur à peu près tous les plans. De l'ordre de seulement 2,3 % du volume du commerce international trouve son origine en Afrique. Au fil des ans, cette part africaine s'est réduite puisqu'elle atteignait 4 % en 1970. En comparaison, la part des exportations est-asiatiques dans le total mondial passait de 5,8 % en 1970 à 19,1 % en 1997. L'Afrique est un acteur commercial secondaire voire tertiaire de la mondialisation. Font exception les exportations africaines de pétrole (4 mbj, soit un peu plus de 10 % des exportations pétrolières mondiales), les matières premières métalliques et les pierres précieuses. L'Afrique, australe notamment, joue un rôle substantiel sans pour autant être indispensable. Les diamants et les métaux d'Afrique australe ont leur équivalent en Russie ou au Canada, entre autres, et le total des exportations de pétrole subsaharien représente moins du quart des exportations des États riverains du golfe Persique. Le tableau est comparable pour les flux d'investissements directs étrangers (IDE). En 2002, moins de 2 % de ces flux avaient l'Afrique pour destination ($ 11 milliards sur $ 651 milliards). Dans cette maigre part africaine, le gros s'orientait vers l'Afrique du

Sud et, de façon plus générale, vers l'Afrique australe avec ses activités minières et pétrolières.

Cette mise en périphérie est très fortement asymétrique : si l'Afrique pèse peu sur l'activité mondiale, elle est elle-même très fortement dépendante de la mondialisation. En 2002, les exportations représentaient 34 % du PIB africain, contre 27 % en 1990, témoignant d'une dépendance croissante par rapport au commerce extérieur. À titre de comparaison, ces chiffres étaient, aux mêmes dates, de 21 % et de 18 % respectivement pour les pays membres de l'OCDE. Le prix des matières premières minérales africaines est déterminé par les fluctuations de la demande internationale. Les exportations agricoles sont directement fonction de l'ouverture ou, le plus souvent, de la fermeture des marchés européens, américains et japonais. L'appétit des pays industrialisés ou en voie d'industrialisation pour les matières premières africaines continue, comme de par le passé, à avoir une influence déterminante et sur l'économie des pays concernés et sur leur évolution politique voire même militaire. Les récentes tentatives de coup d'État au Sao Tomé-et-Principe et en Guinée équatoriale s'expliquent d'abord par l'impact de la croissance de leur production pétrolière et de leurs réserves potentielles. Les guerres d'Angola, du Congo, de Sierra Leone, du Soudan, du Congo-Kinshasa, ne peuvent se comprendre sans intégrer leur dimension pétrolière ou minérale. Comme dans d'autres régions du monde, pétrole et développement font aussi mauvais ménage que pétrole et démocratie. Malgré leur richesse en pétrole, les pays du golfe de Guinée (Angola, Guinée équatoriale, Gabon, Nigeria, Cameroun, Congo-Brazzaville) figurent en queue de peloton par le PNUD en termes de développement humain. Corruption et inégalités sont ici la règle.

Marginalisée, l'Afrique est la seule région à avoir, sur le long terme, évolué à rebours du reste du monde. Certes, l'inégalité de la croissance et de la richesse existe ailleurs qu'en Afrique. Dans l'ensemble, cependant, tous les continents sauf l'Afrique subsaharienne ont, sur une durée de quarante à cinquante ans, bénéficié d'un accroissement de leur richesse totale, tout en connaissant une réduction du nombre des personnes vivant dans la grande pauvreté telle que définie par l'ONU (moins de $ 1 par personne et par jour).

Dans au moins 20 pays d'Afrique, le PIB par habitant a diminué sur la période 1965-1999. Le PIB des 700 millions d'habitants de l'Afrique subsaharienne, hors Afrique du Sud, n'atteint pas celui de la Suisse avec 9 millions d'habitants. En Afrique subsaharienne, le nombre d'habitants vivant dans la grande pauvreté est passé de 47 % en 1990 à 49 % en 1999, alors même que le nombre total d'habitants était en croissance rapide. Dans le même intervalle, le pourcentage des populations vivant dans la pauvreté absolue est passé en Asie orientale de 32,9 % à 17,8 %. Dans 15 pays africains, l'indicateur de développement humain est tombé entre 1990 et 2001.

Sur les 34 pays les plus mal notés par la PNUD en 2003, 30 se trouvaient en Afrique. Naturellement, sur des périodes plus courtes, d'autres régions ont pu connaître des périodes de déclin économique et social. Tel a été le cas du Moyen-Orient pétrolier sur la période 1985-1999, de l'Amérique latine pendant la « décennie perdue » des années 1980, de l'Europe post-communiste pendant la période de transition.

L'Afrique subsaharienne est seule à avoir vu sa situation stagner, voire décliner, sur près d'un demi-siècle, l'Afrique du Sud faisant exception grâce à ses richesses minières et des infrastructures développées. L'Afrique qui était « mal partie » à la décolonisation, pour reprendre le titre célèbre d'un livre de René Dumont[9], n'est guère plus avancée quarante ans plus tard, alors que le Produit mondial brut par habitant a doublé dans l'intervalle.

Avec la fin de la guerre froide, de nouveaux espoirs étaient permis. Après tout, la fin de la confrontation Est-Ouest était une mauvaise nouvelle pour bon nombre de dictatures et kleptocraties africaines qui avaient été tolérées ou soutenues par les puissances extérieures dans le cadre du conflit Est-Ouest, en suivant l'adage : « c'est un fils de pute, mais c'est notre fils de pute ». La fin des rivalités de la guerre froide fut au demeurant marquée par deux grands événements politiques.

D'une part, ce fut la tentative française mais aussi britannique, de promouvoir la démocratie dans leurs anciennes colonies, tout en passant à un régime de non-intervention militaire dans les affaires intérieures de ces pays, en dehors du cadre de l'ONU. Les résultats de cette politique furent équivoques : si les régimes militaires sont devenus très minoritaires en Afrique subsaharienne, la démocratie y demeure rare. Le Mali, le Sénégal, l'île Maurice ou le Botswana font exception à cet égard. La politique de non-intervention a paradoxalement permis à certains dictateurs de s'accrocher. Gnassingbé Eyadema, au pouvoir à Lomé depuis 1967, put s'imposer face aux tentatives de démocratisation en 1990-1991 quand il devenait clair que les forces françaises ne bougeraient pas.

D'autre part, ce fut la transition pacifique et démocratique du régime d'apartheid en Afrique du Sud à une Afrique du Sud multiraciale en 1992-1993. Ce pendant africain des « révolutions de velours » d'Europe centrale reste l'un des grands espoirs de l'Afrique, sachant que l'Afrique du Sud en est de loin la première et la plus développée des puissances économiques du continent. Avec l'apaisement des tensions en Afrique du Sud, des transitions pacifiques remarquables ont pu par ailleurs être conduites dans les États voisins en Namibie devenue indépendante en 1990 et surtout dans un Mozambique près de deux fois grand comme la France, déchiré pendant plus d'une décennie par la guerre civile.

Malheureusement, ces développements n'empêchèrent pas une dégradation générale de la situation sécuritaire et humanitaire dans des pans entiers du continent. Les atroces guerres civiles de la Sierra Leone et du Liberia et le recours aux enfants soldats et à la pratique de l'amputation des bras, « courte » ou « longue » sont aujourd'hui plus ou moins apaisés. Cependant, l'Afrique occidentale est désormais menacée par l'affrontement en Côte-d'Ivoire, limité non sans difficultés par les forces françaises. Surtout perdure l'arc des guerres civiles, des génocides et de la répression, du Soudan au nord jusqu'au Zimbabwe au sud, en passant par la région des Grands Lacs. Guerres civiles du Soudan endémiques depuis 1956, collapsus de la Somalie de 1992 à nos jours, atroce guérilla de « l'Armée de libération du Seigneur » du nord de l'Ouganda, génocide rwandais avec plus de 800 000 morts en 1993, guerres civiles et d'intervention au Congo-Kinshasa avec de l'ordre de 600 000 tués, et 2,4 millions environ de morts de maladie et de malnutrition, guerre civile larvée du

Burundi, autocratie au Zimbabwe réduit à la disette par son dictateur après avoir été un grand exportateur régional de productions vivrières... Les niveaux et la généralisation de la violence y sont devenus tels que pour des populations entières « la mort est devenue un mode de vie ». Les milices armées d'Afrique occidentale ou centrale n'ont, dans bien des cas, pas de but de guerre, la guerre, ses rapines et son butin, étant devenus un but en soi. La violence y est privatisée et l'État disparaît en tant que tel. L'Afrique n'est plus le seul continent marqué par l'effondrement des États ; mais c'est celui où est le plus largement répandu ce phénomène caractéristique de la disparition des disciplines et contraintes de la guerre froide. Pour l'Afrique, la fin de la guerre froide était moins le signal d'une libération que du désintérêt extérieur et de la déliquescence.

Aux fléaux sanitaires accompagnant traditionnellement la pauvreté et l'insécurité, notamment la prévalence du paludisme et une mortalité infantile supérieure à un enfant sur dix dans 15 pays africains, s'ajoute le drame récent du sida. Dans l'ensemble de l'Afrique subsaharienne, près de 7 % de la population est séropositive. Les pays d'Afrique australe sont frappés de plein fouet dans leurs forces vives. Dans un pays industrialisé comme l'Afrique du Sud, 21,5 % d'adultes sont séropositifs et parmi eux les actifs urbains (cadres, ouvriers, mineurs) sont touchés au premier chef, menaçant le fonctionnement même de la société.

Jusqu'à présent, ces drames africains n'ont que trop rarement suscité une réponse internationale adéquate. Le génocide rwandais d'avril 1993 aurait pu être brisé militairement avant son plein développement ; le nombre de victimes de la terrible guerre du Congo-Kinshasa aurait pu être limité par une mobilisation plus rapide et plus ample de la Communauté internationale. Les bons sentiments, et l'expression est employée ici sans la moindre ironie, ont rarement à eux seuls la capacité de stimuler cette mobilisation. Par ailleurs, les facteurs économiques et politiques n'ont guère joué dans le sens d'une mobilisation étrangère à la fois efficace et positive. Le collapsus de la Somalie en 1992 n'était qu'un épiphénomène au plan stratégique ou économique. L'atroce génocide du Rwanda en 1993 ne mettait pas en jeu des intérêts économiques ou stratégiques significatifs des États industrialisés, à l'exception désastreuse d'une certaine vision de la défense du pré carré de l'Afrique francophone. Pis encore, lorsque ces intérêts existent, ils contribuent plutôt à l'inaction : l'activité pétrolière de la Chine au Soudan n'est pas de nature à favoriser une posture militante du Conseil de sécurité dans le drame du Darfour, de crainte de fâcher les autorités de Khartoum. Les gisements miniers au Congo-Kinshasa, tout comme le pétrole ou les diamants d'Angola, ont attiré les groupes armés et les milices de toute nature provoquant une aggravation des conflits.

Les pays industrialisés devraient pourtant s'intéresser beaucoup plus activement qu'ils ne l'ont fait jusqu'à présent aux épreuves africaines, car les ricochets sanitaires, économiques et stratégiques ne sont pas loin : à l'ère de la mondialisation, les *beati possedentes* devraient savoir mieux que d'autres que le bonheur des uns ne pourra exister longtemps sans prendre en compte les malheurs des autres. Si le devoir d'humanité ne suffit pas à les mobiliser, qu'ils analysent les risques de l'inaction.

Le risque sanitaire commence enfin à être reconnu. Quand les deux tiers des cas d'infection VIH dans le monde se trouvent en Afrique, il n'y a pas besoin d'être spécialiste des modèles de diffusion épidémiologique pour se douter que le gigantesque foyer africain interagira avec le développement mondial de la pandémie. La Communauté internationale s'est fortement mobilisée autour du sujet. Au premier rang au plan financier, les États-Unis ont promis $ 2,8 milliards d'aide en 2005 destinés à lutter contre le sida, la malaria et la tuberculose. C'est certes peu par rapport aux dépenses de la guerre d'Irak, mais ce n'est pas négligeable rapporté à la capacité d'absorption des organisations sanitaires et administratives africaines. Cependant, les États-Unis ne fournissent leur aide qu'aux pays et aux programmes de l'ONU ne faisant pas la promotion du planning familial, des préservatifs et de l'avortement en général. Les États-Unis et les pays de l'Union européenne ont néanmoins montré la voie de l'effort, on peut espérer que la Communauté internationale maîtrisera la propagation du sida en Afrique. La tâche est au demeurant compliquée par la politique idiosyncratique de l'Afrique du Sud en la matière, les responsables de ce pays ayant longtemps agi comme si le VIH n'était pas l'agent microbien responsable du sida.

Du point de vue économique, la prise de conscience est moins nette. Néanmoins, des initiatives importantes ont été prises entre les pays industrialisés et l'Afrique à travers le programme « NEPAD » (*New Partnership for Africa's Development*) destiné à favoriser la croissance en Afrique par des mesures de libéralisation commerciale par les pays du Nord, de libéralisation économique par les partenaires africains. L'accord-cadre obtenu à l'arraché au sein de l'Organisation mondiale du commerce le 31 juillet 2004 pour organiser l'ouverture des marchés agricoles des pays industrialisés est d'assez bon augure dans cette perspective. Sans gouvernance compétente, et elle est l'exception en Afrique, il ne sera pas facile d'amener ce continent à devenir un participant actif, plutôt qu'un laissé-pour-compte, dépendant et passif, de la mondialisation des échanges.

Le problème stratégique est quant à lui très incomplètement appréhendé. Alors même que la vulgate la plus largement répandue veut que la pauvreté soit une des causes profondes du terrorisme, les conséquences pratiques n'en sont pas vraiment tirées. De George W. Bush au Sommet de Monterrey [10] organisé par l'ONU contre la pauvreté en mars 2002 aux discours types des militants anti-globalisation, le besoin d'attaquer la pauvreté comme racine du terrorisme est un des lieux communs les plus largement répandus. Comme l'Afrique est de loin le continent le plus pauvre et celui où la situation générale évolue le plus mal, on pourrait penser qu'il en naîtrait une convergence systématique entre action humanitaire et initiatives sécuritaires. Tel n'est pas le cas, et de façon contre-intuitive l'on ne s'en plaindra pas à l'excès ici. En effet, faire du « tout sécuritaire » n'a pas de sens : lutter contre une milice armée ne relève pas *a priori* de la même logique que l'action contre le paludisme. De même, on rejettera ici la notion que les pauvres seraient dans l'ensemble et naturellement portés au crime parce que pauvres : c'est à la fois leur faire injure et méconnaître la diversité des visages du crime et de la violence. Par contre, on retiendra ici plusieurs motifs pour lesquels l'Afrique doit à l'avenir être considérée comme une priorité au plan stratégique.

D'abord, si la sécurité et le bien-être, la « sécurité humaine » du jargon onusien, ne sont pas des catégories identiques ou interchangeables, on constate empiriquement qu'il y a rarement de sécurité durable sans un certain bien-être, de même que le développement durable nécessite une certaine sécurité.

Ensuite, force est de constater que l'Afrique est d'ores et déjà un élément du champ de bataille de l'hyperterrorisme. Les nombreuses zones de non-droit qui prolifèrent en Afrique peuvent devenir des zones d'organisations ou d'opérations d'Al Qaïda. Des groupes se réclamant d'Al Qaïda cherchent à s'implanter depuis le Sahara jusqu'en Afrique sahélienne, grâce notamment au ralliement de certains « émirs » salafistes de l'islamisme algérien à Ben Laden. Ceci s'est manifesté d'abord par l'activité des groupes nomades à la charnière de l'islamisme et du grand banditisme dans le Sud algérien en 2003, avec des prises en otages de nombreux touristes et autres pistards allemands, autrichiens et helvétiques. Si la plupart des 32 otages furent libérés après de longues tractations et moyennant rançons, l'un d'entre eux périt pendant l'épreuve. Par la suite, la trace d'affidés d'Al Qaïda se retrouva au Mali, au Niger et au-delà. Les pays africains de la région et les services de renseignement militaires français et américains notamment ont pu coopérer de manière étroite pour relever ce défi.

Enfin, et c'est le plus important pour le long terme, il apparaîtra tôt ou tard en Afrique des groupes qui s'inspireront de ce qu'ils estimeront être la « leçon palestinienne ». Le monde n'a vraiment commencé à s'intéresser au problème palestinien au tournant des années 1969-1972 que lorsque des organisations palestiniennes démontrèrent leur capacité d'agir et de nuire à l'échelle mondiale, et devant les médias : détournements multiples et télévisés d'avions, avec notamment les actions de Leila Khaled ; prise d'otages et assassinats sanglants au cœur des Jeux Olympiques de Munich (1972)… Malheureusement, une fois enclenché, ce type de spirale devient très difficile à arrêter, dépassant éventuellement leurs « inventeurs » dont Yasser Arafat au profit de groupes de plus en plus meurtriers. Il serait bon pour tous, et notamment l'Afrique, que ce type de spirale mortifère ne s'ouvre pas. Encore faut-il que le nécessaire ait été fait en amont pour éviter d'ouvrir un champ à ceux qui prôneront l'exportation de leur violence pour se faire entendre. La seule surprise, à ce stade, c'est que l'on n'ait pas encore assisté à une « palestinisation » des malheurs de l'Afrique.

Assurément, la réhabilitation de l'Afrique de manière à lui permettre de retirer les bénéfices de l'ouverture des échanges est une entreprise qui devrait rapprocher les Américains et les Européens. On ne constate ni opposition évidente des enjeux si l'on s'en tient aux grandes lignes du tableau qui vient d'être dressé, ni d'asymétrie flagrante d'intérêts et de moyens d'action. En revanche, le « pré carré » linguistique, économique et politique risque fort d'échapper à la France dès lors que les problèmes africains deviennent les problèmes de tous, Afrique, Europe, Amérique du Nord. Aurions-nous vraiment à nous plaindre de la disparition de la « Françafrique », de la liquidation du dernier chapitre de la décolonisation ? Pour peu qu'il y ait de réels progrès à la clé, et que le processus de réhabilitation soit réellement multilatéral, la réponse ne pourra être que positive et beaucoup plus facile à formuler et à appliquer, soit dit en passant, que la décision du général de Gaulle de tourner la page de l'Algérie française. D'ailleurs, ne s'est-on pas déjà engagé sur cette voie ?

Reste à savoir si le monde industrialisé est prêt à agir réellement dans ce sens, qui suppose à la fois un financement public conséquent dans la durée et la suppression des protections dont bénéficient nos agriculteurs. Aujourd'hui, une vache américaine bénéficie de subventions plus élevées qu'un agriculteur africain ; et la même observation vaut pour les vaches espagnoles ou françaises. Comment imaginer que puisse persister une situation littéralement aussi inhumaine sans qu'éclate un jour une violence extrême ?

CHAPITRE IV

Choix de société

Que la menace terroriste soit ou non aggravée par l'échec des États-Unis au Moyen-Orient et par la crise des relations transatlantiques, il faudra bien y faire face. En la matière, le postulat de base est le risque croissant d'attaques de destruction de masse. Une attaque NRBC (nucléaire, radiologique, biologique, chimique) sera plus probable demain qu'aujourd'hui, et plus probable dans dix ans que dans cinq, et ainsi de suite pour les raisons évoquées plus haut d'érosion des barrières techniques et financières. À ce « principe d'aggravation » répondent des corollaires opérationnels. D'une part, on devra agir pour faire en sorte que « toutes choses ne soient pas égales par ailleurs », notamment donc en pesant sur les conditions d'éclosion des groupes susceptibles de vouloir manier une violence sans limites. Or, en ce qui concerne aujourd'hui le Moyen-Orient et demain l'Afrique, tout concourt pour le moment à faire que « toutes choses » soient négatives... D'autre part, les politiques de lutte contre l'hyperterrorisme doivent être pensées dès à présent en fonction d'un long terme plus exigeant que le défi actuel. Non seulement la probabilité d'attaques hyperterroristes va croissant, mais la gravité de tels actes augmentera en parallèle : les capacités de destruction seront plus élevées dans dix ans que dans cinq.

Principe d'aggravation et politique de prévention

La lutte contre l'action hyperterroriste doit viser deux objectifs très différents dont l'évaluation en termes de priorités organisationnelles et budgétaires doit être soigneusement pesée, en tenant notamment compte du « principe d'aggravation ». L'objectif de prévention est le premier à venir à l'esprit parce que c'est celui qui a tendance à figurer en tête dans les discours concernant la lutte contre le terrorisme qui reflètent en l'occurrence les demandes des populations qui préfèrent naturellement éviter tout risque de frappe terroriste. Cela est exprimé dans la version militaire de la prévention, telle qu'elle est mise en exergue dans le discours stratégique américain de l'après « 9/11 » : pour Washington, prévention et préemption sont devenues les piliers de la sécurité. Cette version militaire de l'action préventive n'est d'ailleurs pas le seul fait des Américains. Ainsi la France l'a inscrite parmi les quatre fondements de sa stratégie militaire dans la loi de programmation militaire 2003-2008 rédigée à l'été 2002.

La prévention dans sa déclinaison politique figure à peu près partout. Ainsi, la lutte contre les causes profondes se retrouve dans la *National Security Strategy for the United States* publiée par la Maison Blanche en septembre 2002, tout comme dans le document symétrique adopté par l'Union européenne en décembre

2003, « Une Europe sûre dans un monde meilleur. Stratégie européenne de sécurité ».

Naturellement, on trouve diverses nuances dans cette unanimité apparente : la « cause profonde » la plus importante des uns n'est pas forcément celle des autres. Là où beaucoup mettront en exergue le sentiment d'injustice et d'iniquité ressenti au Moyen-Orient, d'autres insisteront plus volontiers sur la pauvreté, cependant que certains éviteront de hiérarchiser les causes. Au plan empirique, force est de constater que le sentiment subjectif d'injustice paraît l'emporter sur les facteurs « objectifs » comme le niveau de vie. Reste le débat sur la combinaison entre le sentiment générique d'humiliation dans le monde arabe et musulman par rapport à l'Occident, et ses aspects spécifiques, notamment le problème israélo-palestinien. Pourtant, Al Qaïda est apparu et s'est développé pendant la période du processus de paix entre Israël et la Palestine (1992-2000) et l'engagement substantiel des États-Unis dans cette entreprise. C'était aussi la décennie pendant laquelle seuls les États occidentaux étaient prêts à s'engager de façon substantielle et décisive en faveur des populations musulmanes de Bosnie près du Kosovo. Parfois trop peu et trop tard mais infiniment plus que les richissimes pétro-monarchies du Golfe. Celles-là étaient surtout prêtes à financer les mosquées et les prédicateurs une fois passé la tempête... Cela n'a pas empêché Al Qaïda de déclarer la guerre aux « Croisés ».

Cependant, la primauté de la prévention musclée ou raisonnée dans le discours public répond à une autre logique. Il est politiquement plus rassurant et plus gratifiant d'évoquer les problèmes que l'on résout par élimination que de pouvoir démontrer que l'on sait gérer les catastrophes. La prévention est politiquement attirante parce que apaisante. L'allocation de moyens budgétaires, de ressources humaines et d'énergie politique pour prévenir les actes de terrorisme est évidemment nécessaire, moyennant un dosage intelligent des différentes facettes de l'action préventive : préemption et prévention militaire ; action des services de renseignement et de police ; dissuasion des éventuels auteurs d'attentats de terrorisme par l'efficacité de la lutte contre le terrorisme ; initiatives politiques et économiques vis-à-vis des causes profondes du terrorisme... Cependant, il ne faut pas verser dans le « tout préventif », quelle que soit au demeurant la qualité de ses ingrédients. En effet, la prévention par construction ne peut jamais être parfaite : tout principe unique de défense peut être contourné. C'est là une constante de la stratégie. L'ensemble le plus remarquable de forces militaires, de services spéciaux, de moyens policiers et de politiques les plus intelligentes de « dépiégeage » des conflits et d'aide au développement n'empêchera pas certains groupes ou certains individus déterminés à nuire d'émerger et d'agir. Après tout, les services de renseignement les mieux outillés ont été incapables de donner une mesure raisonnablement exacte des moyens irakiens de destruction massive à la veille de l'invasion américaine. On sera fondé à en conclure que les connaissances de ce qui se passe dans les tréfonds d'une organisation fermée comme Al Qaïda ou *a fortiori* d'une secte hermétique comme Aoum ne pourront être que très imparfaites.

À l'observation générale de la nature imparfaite de tout système de défense s'ajoute l'effet du « principe d'aggravation ». En effet, si la capacité de destruction de masse se diffuse de plus en plus, la gamme d'acteurs susceptibles d'en user s'élargira progressivement. Al Qaïda est un problème, la secte Aoum en était un tout autre ; *Ameranthrax* était encore d'une autre espèce, comme l'était naguère l'individu *'Unabomber'*. Ce phénomène de diffusion et de diversification ne facilitera pas la prévention.

La réduction des effets

Ceci amène au second objectif, celui de la réduction et la limitation des effets d'opérations hyperterroristes. Traditionnellement, cet objectif-là était étroitement borné dans le temps et dans l'espace : une fois l'acte terroriste passé, il fallait soigner les survivants au mieux, et réparer les dégâts matériels. Comme il fallait réagir très vite, cette « gestion des conséquences », pour employer le jargon des spécialistes, était assumée par les « primo-intervenants » déjà sur place ou mobilisables à très bref délai. La capacité de la « gestion des conséquences » peut certes être toujours plus performante par des moyens accrus et des procédures améliorées pour des primo-intervenants mobilisables plus rapidement, mieux organisés, adaptés et entraînés. Cependant, la remarque sur l'imperfection de toute défense s'applique encore plus ici : face à des groupes terroristes pouvant choisir leurs cibles dans un très vaste éventail, on n'aura jamais assez de moyens pour pouvoir se reposer sur un dispositif de première intervention lourd réparti de façon universelle. En outre, la menace NRBC obligera de plus en plus à pouvoir opérer dans la durée, au-delà donc de la mobilisation paroxysmique des moyens de réponse à une catastrophe dans le temps et dans l'espace.

La nature de l'hyperterrorisme NRBC confère au contraire une importance nouvelle à ce que nous préférons appeler la « réduction des effets ». En effet, l'expression « gestion des conséquences » (le *consequence management* des Américains) implique une action terminée. La réduction ou la limitation des effets s'applique à des actions en cours d'exécution, si possible en tout début d'exécution : une attaque chimique ou biologique aura d'autant moins d'impact que l'agent concerné aura été précisément et précocement détecté et identifié. Une attaque radiologique pourra être mitigée si le caractère de l'agression a été immédiatement reconnu. Pour reprendre un exemple déjà évoqué, il existe une grande différence entre l'épidémie de SRAS localisée, identifiée et circonscrite avec rapidité et vigueur et la pandémie de grippe espagnole de 1918 avec sa vingtaine de millions de morts (dont 200 000 en France). Nos sociétés devront s'organiser par rapport à l'objectif de limitation des effets en matière de prévention. Comme dans le cas du SRAS, cette capacité de maintenir le niveau d'effort pendant des semaines, voire des mois d'affilée est essentielle.

Organisation sociale : éléments de principe

La lutte contre l'hyperterrorisme diffère profondément de celle contre les activités terroristes traditionnelles. C'est d'ailleurs une des raisons pour lesquelles des expressions comme « guerre contre la terreur » (George W. Bush) ou « quatrième guerre mondiale »

(James Woolsey, ancien directeur de la CIA) sont des approximations contestables. La guerre est traditionnellement le fait de l'État, et en l'occurrence de l'État central ou d'organisations voulant exercer un pouvoir d'État. Si les acteurs et les victimes de la guerre couvrent un spectre infiniment plus large, le financement, l'animation et la conduite de la guerre sont presque exclusivement menés par l'État central ou des entités agissant comme telles, en tant que parties prenantes à des guerres civiles ou mouvements de libération nationale. Les conflits armés dans les États effondrés – Somalie, Liberia, Sierra Leone... – constituent l'exception qui confirme la règle. Naturellement, dans les guerres, l'état de l'opinion publique demeure un élément clé : avec la volonté des militaires et la volonté des responsables politiques, Clausewitz estimait que la volonté de la population était l'une des trois variables clés de la guerre. Ici existe indubitablement un facteur commun avec le terrorisme : l'opinion publique est un acteur et un enjeu clé de la lutte terroriste et anti-terroriste.

En revanche, le financement, l'animation et la conduite de la lutte contre l'hyperterrorisme seront beaucoup plus divers que dans le cadre de la guerre mettant aux prises des États ou des entités à vocation étatique. L'essentiel de l'action de limitation des effets d'une attaque ne relèvera pas directement de l'État central même dans les États non fédéraux. En France, de l'ordre de 90 % des dépenses actuelles de sécurité civile et de lutte contre l'incendie relèvent des collectivités territoriales, 10 % environ de l'État central. Ces moyens sont aujourd'hui optimisés pour la lutte contre des accidents ou des catastrophes non intentionnels. Cependant, il en irait de même en cas d'acte de terrorisme de destruction de masse, mettant d'abord à contribution les moyens des services d'incendie et de secours les plus proches, et les établissements sécuritaires et hospitaliers avoisinants. En cas d'agression contre les infrastructures critiques – réseaux électriques, ferroviaires, électroniques ; zones portuaires et aéroportuaires ; sites classés « Seveso », etc. –, ce sont les opérateurs qui seraient en première ligne. Les efforts accomplis pour dissuader des terroristes d'agir ou pour limiter les dégâts causés relèveront d'abord de leur responsabilité, même s'il est (ou devrait être) évident que les mesures correspondantes auront été pensées en étroite coordination avec la puissance publique, centrale ou locale.

Ensuite, et ceci découle en partie de ce qui précède, face à un adversaire non étatique jouant les « passe-frontières », la lutte ne pourra être menée efficacement que si les acteurs non étatiques coopèrent avec l'État, ou plus exactement les États : pas de limitation des flux financiers vers les groupes terroristes sans coopération avec les acteurs du secteur financier ; pas de sécurité portuaire sans articulation avec les sociétés liées à l'activité de la navigation marchande et portuaire... Nous nous retrouvons ici sur le terrain classique du mimétisme entre les protagonistes d'une lutte : la règle du jeu (et il en existe toujours une, fût-elle implicite, même pour les auteurs d'actes de terrorisme de destruction de masse) de l'un appelle toujours une adaptation de la règle du jeu de l'autre.

Enfin, l'hyperterrorisme peut déboucher sur des actes qui nécessitent la mobilisation de moyens de prévention et de limitation des effets dépassant les capacités et les frontières d'un seul État. Le « 11 M » madrilène n'était pas hyperterroriste au niveau des effets, qui ont été pris en charge par les autorités madrilènes et espagnoles. Le « 9/11 » américain appartient nettement à la sphère hyperterroriste dans toutes ses dimensions, y compris de par son effet de paralysie des mouvements de personnes et de marchandises entre les États-Unis et leurs partenaires étrangers dans les jours suivants, et ses conséquences durables sur le transport aérien et maritime. L'hypothèse d'une action bioterroriste proche du scénario infectieux évoqué dans le premier chapitre, exige une réflexion en amont sur l'organisation internationale des mécanismes de réponse. L'une des clés de la réussite du contrôle du SRAS était l'existence de procédures prédéterminées de l'Organisation mondiale de la santé qui bénéficiait d'une large reconnaissance de sa légitimité. Cette reconnaissance large n'était pas universelle, expliquant que l'on ait frôlé la catastrophe à cause du refus initial d'obtempérer de la Chine et de l'absence de Taiwan de l'OMS (en raison de l'opposition chinoise). Il en résulte donc que la lutte contre l'hyperterrorisme suppose aussi l'existence d'échelons supra-étatiques : Union européenne, organisations spécialisées de l'ONU.

La lutte contre l'hyperterrorisme intègre un spectre extrêmement large d'acteurs à la fois importants et divers telles les collectivités territoriales, opérateurs privés et autres instances non étatiques, organisations à vocation régionale ou mondiale. Cette complexité est caractéristique de l'ère qui s'ouvre. L'apprentissage de cette complexité et de ce qu'elle implique doit devenir une des grandes priorités de la période actuelle, précédant une attaque future conduite avec des moyens dédiés de destruction de masse.

Débats et arbitrages

Comme pour toute entreprise humaine importante et nouvelle, il faudra définir les termes des arbitrages et des débats pour la mener à bien. Au demeurant, ces arbitrages ne pourront parfois qu'être esquissés, en l'absence d'expérience préalable ou de données disponibles : difficile par exemple de proposer dans le cas français des arbitrages budgétaires quand il n'existe pas en France de données statistiques raisonnablement étoffées, complètes, fiables et pertinentes concernant les dépenses liées à la lutte contre le risque hyperterroriste et ses conséquences ! Il n'existe même pas de calcul récent de l'ensemble des dépenses publiques (centrales et territoriales) en matière de sécurité et de défense civiles. Cette absence, largement partagée en Europe, n'est pas le fruit d'une politique de protection du secret, ce qui aurait pu être un début d'explication.

Tout d'abord, il convient d'arbitrer plus clairement en faveur de la limitation des effets du terrorisme, sans se limiter à l'amélioration de la prévention. En France, cela passe par des initiatives telles que la création en 2002, au niveau présidentiel, du Conseil de sécurité intérieur, et en 2004, du Conseil du renseignement intérieur au ministère de l'Intérieur. Ces initiatives sont excellentes, la première parce qu'elle porte au niveau le plus élevé la détermination et la conduite de la politique de sécurité, la seconde parce qu'elle devrait accroître l'action conjuguée de la Direction centrale des renseignements généraux (RG) et de la Direction de la surveillance du territoire (DST). Les RG, avec leur forte intégration dans un tissu social qui en a intériorisé l'activité dans une tradition remontant à Napoléon, et la DST, focalisée sur le dépistage des réseaux (d'espionnage, de terrorisme) pouvant porter atteinte à la sécurité intérieure, sont des organisations dont les vocations et la généalogie se complètent remarquablement – mais il fallait que cette complémentarité soit organisée.

Dans toute logique bureaucratique, et davantage encore dans un pays où « la guerre des polices » fait partie du génome républicain, ce type de coopération ne se développe pas spontanément. Ces mesures se combinent avec des initiatives plus anciennes, avec d'une part l'activation à la fin des années 1980 du Comité interministériel du renseignement prévu dans les textes fondateurs de la Ve République, et surtout la création de l'Unité coordination de la lutte antiterroriste (UCLAT) en 1984, qui rassemble les principaux acteurs français du renseignement, de la sécurité et de la police. L'UCLAT avait vu le jour après de sanglants attentats pendant la période 1980-1984, d'origine moyen-orientale ou arménienne, et parfois les deux ensemble, qui avaient mis en relief l'insuffisance organisationnelle et pratique de la coordination antiterroriste, confiée jusque-là au tristement dénommé Bureau de liaison antiterroriste (BLAT).

À l'échelle de l'Union européenne, du moins en ce qui concerne les institutions relevant du Conseil européen et du Haut Commissaire pour la politique extérieure et de sécurité commune (PESC), le même modèle prévaut, quoique de manière plus récente. C'est ainsi que fut désigné en avril 2004, après le « 11 M » espagnol, un coordinateur en matière d'antiterrorisme, Gijs de Vries, sur toile de fond post-madrilène et de propos sur la nécessité d'améliorer la coopération dans le domaine du renseignement.

À l'inverse, l'organisation française, et cela vaut dans la quasi-totalité des États européens, en matière de gestion des conséquences du terrorisme, est restée essentiellement inchangée. Après comme avant le « 9/11 » et le « 11 M », l'instance interministérielle placée sous l'autorité du Premier ministre qu'est le Secrétariat général pour la Défense nationale (SGDN), tente de coordonner l'action, cependant que la Direction de la défense et de la sécurité civiles (DDSC) du ministère de l'Intérieur a la responsabilité opérationnelle de l'action. Ces instances effectuent un travail considérable et avec une énergie redoublée depuis l'émergence de l'hyperterrorisme. Cependant, le SGDN dispose d'un budget d'intervention des plus limités. Il peut poser des normes, ce qui est certes vital, et tenter d'inspirer les actions des autres ministères, mais faute de pouvoir contribuer au financement de programmes spécifiques, son pouvoir d'incitation s'en trouve diminué. La DDSC dispose certes de moyens propres mais essentiellement concentrés sur la gestion des risques naturels ou des catastrophes ne résultant généralement pas d'une intention de nuire : incendies de forêt, inondations, grands accidents industriels.

D'autres pays ont fait d'autres choix. Les États-Unis ont décidé en juin 2002 de créer un ministère de la Sécurité intérieure (*Department of Homeland Security*, DHS), cependant que la Russie dispose d'un ministère des Situations d'urgence. Dans les deux cas, le renseignement, qui est la clé de voûte de la prévention, reste en dehors du champ de ces ministères. Aux États-Unis, le renseignement devrait être fortement centralisé, du moins si les recommandations de la Commission du « 9/11 » sont suivies, notamment en termes de désignation d'un responsable unique pour le renseignement ayant rang ministériel. Celui-ci, rattaché directement à la Maison Blanche, aurait le dernier mot par rapport aux services constitutifs de la communauté américaine du renseignement (CIA, FBI, NSA, DIA et autres). Notons aussi que le bras supranational de l'Union européenne qu'est la Commission, a entamé la mise sur pied de moyens de limitation des effets du terrorisme, avec d'une part la création d'un petit centre de gestion de crise (logé assez curieusement à la Direction de l'Environnement) et d'autre part, le lancement en 2004 d'un programme de financement et la recherche en matière de sécurité. Ce Programme européen de recherche de sécurité, qui devrait prendre toute son ampleur au début de 2007, pourrait cofinancer à terme plus de 1 milliard d'euros d'activité de recherche et de technologie par an.

Dans le cas de la France, il serait important de passer à grande échelle d'un interministériel de coordination – ce que fait le SGDN aujourd'hui – à de l'action interministérielle de pilotage. On pourrait s'inspirer utilement ici de ce qui a été fait pendant les années 1960 et 1970 dans un tout autre domaine, celui de l'aménagement du territoire. En dotant à l'époque les services interministériels (notamment la Délégation à l'aménagement du territoire) de moyens d'intervention budgétaires, il était possible d'amener les autres ministères à s'inscrire avec détermination dans des actions ciblées : de tels « programmes finalisés » marchaient parce que les ministères techniques constataient qu'ils n'étaient pas les seuls payeurs, et que leurs efforts étaient renforcés par l'argent de Matignon. Ajoutons que les sommes en question pouvaient être relativement faibles, de l'ordre de 10 % par exemple du coût d'ensemble d'un programme. Resterait la question de savoir si c'est l'actuel SGDN, ou un secrétariat d'État rattaché au Premier ministre, ou encore le ministère de l'Intérieur agissant par délégation, qui devraient être chargés de cette tâche dans le domaine de la sécurité intérieure ; mais c'est la décision de passer à de l'interministériel de pilotage qui serait essentielle, non celle du lieu de rattachement. Des initiatives récentes vont dans ce sens.

Autre initiative, complémentaire de la première : la mise sur pied d'un budget et d'une organisation de recherche et de développement (R&D) pour la sécurité. Le terrorisme traditionnel n'appelait pas d'effort dédié de R&D au-delà des investissements faits par ailleurs en matière de renseignement et de police scientifique. Avec l'hyperterrorisme, le défi devient quasimilitaire dans son ampleur : bâtir des réseaux de détection et d'identification NRBC ; mettre en place des moyens nationaux et européens de gestion de crise ; constituer des stocks de tous ordres, et notamment médicaux (en termes de vaccins et d'antidotes). De la même façon que face aux périls extérieurs, une logique de programmes de R&D pour les besoins des armées existe depuis des lustres, il faudra en venir là en matière de sécurité contre l'hyperterrorisme. Outre la dimension interministérielle déjà évoquée, cela pourrait passer par la mise sur pied d'un effort dédié de R&D au ministère de l'Intérieur, pour tout ce qui relève de sa compétence, en liaison avec une approche de même type dans les ministères techniques concernés par les mesures de limitation des effets du terrorisme. Cela a d'ailleurs commencé au ministère de la Santé, avec le programme Biotox de lutte contre la menace biologique.

Étroitement lié au précédent se présente l'arbitrage entre la centralisation et la décentralisation des efforts. Ici on pourra s'inspirer du principe de subsidiarité : faire le maximum au niveau d'intervention le plus local possible. Ce principe d'organisation des pouvoirs qui est supposé, en théorie sinon en pratique, régir la répartition des pouvoirs au sein de l'Union européenne, depuis les collectivités territoriales jusqu'aux institutions bruxelloises, a une pertinence toute particulière en matière de lutte contre le terrorisme. Comme nous l'avons vu, les conditions immédiates de l'action terroriste sont gérées localement et les effets doivent en être limités d'abord par les premiers intervenants. De plus, la capacité d'empêcher la généralisation d'une attaque biologique dépendra d'une façon essentielle de la réactivité et de la qualité de l'échelon localement au contact dans les toutes premières heures. On énoncera ici trois propositions pouvant guider la réflexion.

Premièrement, la nature et le dimensionnement des moyens à un niveau quelconque d'intervention dépendront de la réponse à la double question : l'action terroriste ou, comme dans le cas du SRAS, la menace non intentionnelle, est-elle transfrontière par nature ? Est-ce que l'action terroriste, ou le défi, est d'une dimension telle que des moyens uniquement locaux permettront d'y faire face ? Ces questions générales ont des implications organisationnelles, et le cas échéant budgétaires, lourdes de conséquence. Ainsi, le niveau mondial ou continental ne sera qu'indirectement en jeu dans la quasi-totalité des hypothèses. Dans les scénarios visés au premier chapitre, même les attaques radiologiques ou à l'anthrax appellent une limitation des effets principalement par les niveaux locaux et nationaux, du moins dans le cas des grands pays. Si la mobilisation de moyens médicaux européens, voire extra-européens, serait utile, on resterait dans une logique voisine de celle du « 9/11 » ou d'*Ameranthrax*. À l'inverse, une attaque biologique recourant à des agents infectieux ou une menace nucléaire appelleraient une gestion plus que nationale. C'est une autre façon de dire que la légitimité de l'Union européenne en tant qu'instance de coordination serait forte en pareil cas. Dans cet esprit, le rapport du « Groupe des personnalités » servant de référence au Programme européen de recherche de sécurité de la Commission[1], a considéré comme prioritaire le financement d'actions protégeant les populations contre les menaces biologiques infectieuses. Cependant, la concentration de ce type de responsabilité au-dessus du niveau traditionnel qu'est l'État-nation suppose une organisation et des procédures appropriées. Dans l'affaire du SRAS, l'autorité de fait de l'instance internationale qu'est l'Organisation mondiale de la santé était acceptée en grande partie parce que l'OMS savait ce qu'elle faisait et pourquoi, le tout sous l'autorité d'un directeur fort, en la personne de madame Gro Harlem Bruntland. L'Union européenne doit avoir une organisation forte animée par des responsables de grande qualité pour organiser la lutte contre l'hyperterrorisme dans ses domaines de compétences.

Deuxièmement, « subsidiarité » ne doit pas rimer avec « exclusivité ». Ce n'est pas parce qu'un niveau donné d'intervention sera considéré comme étant piloté ou fédérateur face à une menace donnée, que ce niveau devra fonctionner en vase clos, bien au contraire. Nous avons vu que dans tous les cas, ce sont les primo-intervenants qui, par nature, sont les plus immédiatement et les plus fortement sollicités. Cependant, dans les scénarios les plus dangereux, ceux de l'hyperterrorisme, ce niveau ne suffit pas. Face au risque NRBC, la direction des opérations se situera à l'échelon central de l'État ou à l'échelle continentale.

Troisièmement, l'intégration des niveaux d'intervention ne sera efficace que s'il existe un haut niveau d'interopérabilité entre les différents types d'intervenants : des procédures, des moyens de communication et de transmission de données communs, ou au moins compatibles, des matériels qui puissent fonctionner les uns avec les autres. C'est un problème très classique, entre des armées en campagne : parvenir à faire travailler ensemble des armées alliées est une des tâches traditionnelles de l'OTAN et dorénavant de la Politique européenne de sécurité et de défense (PESD) de l'Union européenne. Ce qui est difficile à réaliser entre des armées ayant pourtant reconnu le problème depuis longtemps, est nettement plus compliqué pour des organisations qui non seulement n'ont pas l'habitude de travailler ensemble, mais qui n'ont pas la relative simplicité propre au domaine de la défense. En matière de lutte contre l'hyperterrorisme, on doit faire coopérer des niveaux d'intervention extrêmement divers, depuis les sapeurs-pompiers volontaires municipaux, jusqu'à la cellule de crise de la Commission européenne, en mobilisant de surcroît des acteurs non étatiques : grands opérateurs d'infrastructures critiques, organisations non gouvernementales…

Personne n'a été surpris par la confusion qui a parfois régné lors du premier exercice européen de simulation d'un attentat radiologique à Canjuers fin 2002 (EURATOX) : ni langue de travail, ni procédures opérationnelles, ni fréquences des systèmes de communication, ni standards de transferts de données, ni logiciels, ni matériels n'étaient automatiquement compatibles les uns avec les autres. L'une des grandes tâches que l'Union européenne doit entreprendre est la « production d'interopérabilité » : c'est une priorité essentielle du rapport du « Groupe des personnalités ». De même, et c'est là une fonction que remplissent en partie aujourd'hui le SGDN et la DDSC en France, convient-il de promouvoir l'interopérabilité entre les acteurs publics (État central, collectivités territoriales) et privés (opérateurs, industriels, ONG...) agissant dans le cadre national.

D'une nature similaire est la question de l'articulation entre l'action antiterroriste conduite en dehors de nos frontières et celle qui se déroule à l'étranger. Cet arbitrage renvoie en grande partie aux débats « prévention/limitation des effets » et « centralisation-décentralisation » et nous n'y revenons pas ici. Cependant, le débat intérieur-extérieur a une dimension spécifique, s'agissant du rôle des forces armées dans la lutte antiterroriste.

Au quotidien, l'outil militaire n'est pas au cœur de l'action antiterroriste : le renseignement sur les réseaux terroristes en amont et la limitation des effets du terrorisme ne sont pas des tâches essentiellement militaires. Le 11 septembre 2001, la police, les pompiers, la sécurité civile, l'hôpital jouaient un rôle plus important que les armées. Cependant, dans trois types de circonstances, les armées devraient intervenir. C'est d'abord l'attaque contre des groupes terroristes ne pouvant être atteints autrement : tel a été, et continue d'être, le cas pour la chasse à Al Qaïda en Afghanistan. L'opération américaine « Liberté pérenne » (*Enduring Freedom*), lancée en octobre 2001 dure toujours, avec la participation des forces des alliés des États-Unis, dont la France. Ce type d'action lancée sur la base d'un mandat du Conseil de sécurité ne soulève guère de controverse juridique ou politique ; d'une dimension limitée, ces engagements ont par ailleurs une incidence relativement faible sur les dépenses militaires ou sur la structure des forces. On se contentera de relever que les forces spéciales y jouent un rôle central, leur conférant plus de prestige et de moyens qu'elles n'en auraient autrement. Cependant, qu'il s'agisse d'une mode ou plus vraisemblablement d'un mouvement de fond plus durable, les qualités extrêmes requises pour les recrues de ce type de forces limiteront en tout état de cause l'extension du phénomène.

Ensuite, il y a la conduite d'opérations visant à prévenir l'acquisition d'armes de destruction massive par des groupes non autorisés. L'invasion américaine de l'Irak prétendait atteindre un tel objectif, Saddam Hussein étant à l'époque supposé être en cheville avec Al Qaïda. Ce type d'opération pour être efficient suppose que l'on dispose des renseignements appropriés, et pour être politiquement acceptable dans la durée, leur légitimité doit être éclatante, si possible en amont, et pour le moins *ex post facto*. Dans le cas de l'Irak, l'absence d'armes de destruction massive, d'une part, de liens entre Al Qaïda et le régime de Bagdad, d'autre part, délégitime rétrospectivement la guerre d'Irak. À l'inverse, la guerre du Kosovo fut légitimée d'abord pendant son déroulement même, le nettoyage ethnique qu'elle combattait étant pratiqué aux yeux du monde par Milosevic, puis après le cessez-le-feu, par l'adoption de la résolution 1244 par le Conseil de sécurité. Si l'action militaire préventive est parfois concevable en théorie, sa pratique restera exceptionnelle, car il faut au préalable accumuler un niveau de renseignement crédible et à établir une légitimité incontestable. Baser une doctrine de défense et une structure de forces principalement sur l'action préventive serait d'une grande imprudence. La France, en la mettant au même rang que la dissuasion, la projection ou la protection, se situe ici aux limites extrêmes du raisonnable, sans pour autant les dépasser.

Enfin, c'est la question délicate, mais essentielle, de l'implication des armées dans l'action antiterroriste sur le sol national. Dans le cas de la France, ceci passe aujourd'hui par le mécanisme du plan « Vigipirate » bien rodé et bien accepté. D'une façon plus générale, le corps militaire qu'est la gendarmerie contribue au maillage du territoire, ce qui en fait un acteur à peu près incontournable de toute première réponse à une action terroriste. Ceci est compris et accepté par la population comme par la gendarmerie elle-même. Elle remplissait déjà un rôle de défense intérieure du temps de la guerre froide, dans le cadre du réseau national d'alerte aux explosions nucléaires et plus généralement de la Défense opérationnelle du territoire. Plus contentieuses seraient les opérations de vive force que les armées pourraient avoir à entreprendre en cas d'alerte terroriste. Depuis le « 9/11 » américain, c'est la possibilité effrayante que doive être abattu en plein vol un avion détourné avec ses passagers innocents avant qu'il ne frappe sa cible. Ou encore, en cas d'attaque biologique, la nécessité d'isoler une ville infectée de façon à y concentrer un maximum de moyens médicaux et de manière à empêcher la réaction en chaîne de l'épidémie dans d'autres régions, pays et continents. Mettre en quarantaine une agglomération serait une affaire extraordinairement dure à vivre par les habitants de la ville contaminée, *a priori* désireux de s'enfuir, comme par ceux qui souhaiteraient venir de l'extérieur leur apporter secours. Le recours à la force en pareil cas ne sera admis que si la communication gouvernementale est parfaitement claire et bien rodée, s'appuyant de préférence sur la conduite d'exercices préalables et une accoutumance préalable de la population à ce type d'éventualité. La structure des forces militaires françaises permet *a priori* de remplir de telles missions. Entre les quelque 100 000 soldats de l'armée de terre basés en métropole, plus les 45 000 militaires de la réserve opérationnelle de l'armée de terre et de la gendarmerie, les 99 000 gendarmes, sans parler des moyens substantiels de la police (nationale, municipale) et des CRS, les moyens humains existent.

Liberté et sécurité

Dans le difficile débat sur la réconciliation entre la liberté et la sécurité face à l'hyperterrorisme, deux principes nous guident. D'une part, les acteurs de l'hyperterrorisme, jusqu'à plus ample informé, sont des individus, éventuellement organisés entre eux au sein de ce que la loi qualifie d'« entreprise terroriste », et non des populations entières : du moins tant que l'on parviendra à éviter un choc des civilisations. Ceci implique que non seulement la responsabilité reste individuelle mais encore que la lutte contre le terrorisme doit s'intéresser à des individus, et non à des populations. D'autre part, quelles que soient les mesures exceptionnelles que puissent appeler des menaces exceptionnelles, les règles de droit doivent continuer à s'appliquer : pas d'emprisonnement sans recours, tôt ou tard, aux moyens du droit. Le *Patriot Act* américain permettant l'internement sans limites de durée et sans recours possible de certaines catégories de personnes simplement parce qu'elles sont soupçonnées d'activités terroristes, ou la création de zones de non-droit comme l'était Guantánamo jusqu'à l'intervention pendant l'été 2004 de la Cour suprême américaine, contredisent ces principes. Ces principes étant posés, et ces critiques étant amorcées, il est non moins clair que l'hyperterrorisme conduira inévitablement à des mesures sécuritaires nouvelles, le plus souvent intrusives et parfois dures.

S'il est justifié et aisé de dénoncer le *Patriot Act* ou Guantánamo, on peut s'interroger sur la nature de la législation d'exception qui aurait été adoptée en France après une catastrophe de l'ordre du « 9/11 » américain et cela bien que la France possède un dispositif judiciaire assez remarquable en matière de lutte contre le terrorisme.

En effet, avec des qualifications souples (« participation à une entreprise terroriste »), des délais de garde à vue spécifiques, des magistrats spécialisés, des mesures de protection des témoins..., la France s'était dotée, avant le « 9/11 », d'un arsenal juridique bien adapté aux exigences de la lutte contre le terrorisme. Les drames des années 1980 et 1990 étaient passés par là. D'ailleurs, ce dispositif suscite désormais un certain intérêt outre-Atlantique, où l'on constate le caractère excessif et peu efficace du *Patriot Act* et de Guantánamo.

Quant aux services de sécurité, la France n'est pas mal dotée non plus, tant par sa tradition napoléonienne dont les RG, déjà cités, sont un des symboles, que par l'origine des attentats du quart de siècle passé. Depuis 1979, une grande partie des attentats meurtriers dans l'Hexagone a été liée à des groupes basés au Moyen-Orient. Le mot est employé ici au sens étymologique : outre les groupes directement liés aux diverses « causes » moyen-orientales (palestinienne, algérienne, iranienne), une organisation comme l'ASALA arménienne était basée dans la Beyrouth de la guerre civile libanaise. Depuis le démantèlement d'Action directe, les « services » français ont eu principalement à se focaliser sur des terroristes d'inspiration moyen-orientale ou islamiste. Le FBI américain, peu mobilisé contre Al Qaïda, avant le « 9/11 », les Britanniques, concentrés sur l'IRA, ou les Allemands (largement focalisés sur les extrémismes « rouges » et « noirs ») ne bénéficiaient pas de cette expérience. Si on y ajoute une assez bonne insertion dans le tissu social et un cadre législatif et réglementaire plus permissif qu'aux États-Unis ou en Allemagne, la France avait, et a toujours, un assez haut niveau de sécurité préventive, sans qu'il y ait d'atteintes grossières ou systématiques aux libertés liées à la lutte antiterroriste. Cependant, en se basant sur le « principe d'aggravation », l'on ne pourra compter sur cet ensemble pour faire face tel quel à la croissance de la menace hyperterroriste.

Aussi, trois voies seront proposées ici. La première, qui ne pose pas de problèmes éthiques nouveaux, consiste à renforcer l'existant. Des moyens budgétaires accrus pour nos services de sécurité comme pour nos magistrats spécialisés (dont le soutien informatique, par exemple, pourrait être notablement renforcé) d'une part ; des efforts accrus en faveur des organismes de coopération policière (Europol) et judiciaire (Eurojust) européennes d'autre part.

La seconde consiste à systématiser bien au-delà de ce qui existe déjà l'ensemble des moyens de surveillance automatique, notamment les caméras vidéo en circuit fermé. C'est ce que fait par exemple la RATP dont l'ensemble des autobus et des stations de métro sont progressivement équipés. On ajoutera, dans la foulée de l'expérience britannique, que la publicité faite autour de tels moyens a un effet considérable tant dissuasif que répressif à l'encontre de tous les troubles à l'ordre public, bien au-delà du risque terroriste. Devraient s'y adjoindre les moyens de surveillance non des personnes mais des matières dangereuses : détecteurs de rayons face au risque radiologique, détecteurs chimiques et biologiques, mobiles ou fixes. Ces derniers ne posent pas *a priori* de problèmes de liberté publique, puisqu'ils ne visent pas des personnes, mais des substances. Le cas des moyens de vidéosurveillance visant des personnes est plus délicat. Si ceux-ci ont déjà permis à la police britannique d'arrêter un activiste d'extrême droite, qui avait commis des attentats homophobes meurtriers, ils peuvent tout aussi bien servir à identifier des personnes s'étant livrées à des activités plus innocentes au plan pénal mais qui peuvent coûter cher au civil. Aussi, conviendra-t-il de faire connaître clairement les bornes de ce à quoi peuvent servir les images ; à l'inverse, et en catastrophe, la lutte antiterroriste gagnerait à ce que les images puissent être archivées aussi systématiquement que possible. Dans le cas britannique cité, ce sont des images anciennes du suspect qui ont permis l'aboutissement de l'enquête. L'archivage et la constitution de bases de données sont des outils indispensables, quitte à élargir les limites actuellement posées par la Commission nationale Informatique et Liberté (CNIL). Ajoutons aussi que la multiplication de moyens passifs et automatiques de détection est moins lourde à supporter que les barrières physiques s'opposant à notre liberté de mouvement comme en témoigne la sécurité aéroportuaire.

Enfin, il y aurait lieu de revoir systématiquement notre législation d'exception et d'urgence. Celle-ci a été élaborée en des temps parfois très anciens et en de toutes autres circonstances. Qu'il s'agisse de l'autorité des forces armées, de l'internement administratif en temps de guerre ou du fonctionnement des services publics – alors qu'ils sont aujourd'hui très largement privatisés –, une mise à jour serait sans doute utile. Des expressions comme « état de siège », « loi martiale », « état d'urgence », sans parler de l'« état de guerre » peuvent paraître à la fois excessives et anachroniques, même si la France a vécu sous le régime d'exception de l'article 16 pendant six mois après le Putsch des généraux d'avril 1961. Pourtant, en cas d'attaque biologique, des mesures d'exception devraient à peu près inévitablement être prises. Il sera nécessaire d'articuler « nos » états d'exception avec ceux de nos partenaires européens. En cas d'attaque biologique, une gestion coordonnée de la limitation des effets de l'attaque devra s'effectuer sur une toile de fond raisonnablement harmonisée en ce qui concerne les mesures d'exception. Ceci n'est évidemment pas un plaidoyer pour le recours à des mesures extrêmes. Simplement, comme les grands sages républicains des décennies passées, qui ont osé penser les situations extrêmes, et concevoir des compromis conciliant les impératifs de sécurité et de liberté publique, il nous faut préparer dans le même état d'esprit les mesures correspondant aux défis actuels. Jadis, c'était la guerre d'invasion ou la subversion (le Putsch de 1961), aujourd'hui, c'est l'hyperterrorisme. Les pouvoirs de crise doivent être pensés avant la crise, pour éviter que soient brutalement mises en question les valeurs républicaines.

Au-delà des libertés publiques, ce sont de façon plus générale les valeurs de la société qui sont en jeu dans la lutte contre l'hyperterrorisme. L'action terroriste est souvent qualifiée de conflit « asymétrique » : asymétrie des moyens, des objectifs, de l'organisation... L'observation n'est pas fausse, mais elle est en fait peu éclairante : en effet, tout conflit est asymétrique, la symétrie parfaite étant synonyme de blocage. Simplement, l'action terroriste est plus systématiquement asymétrique que d'autres types de conflits. Dans le déroulement d'un conflit, chacun des protagonistes est amené à faire converger sa pratique, sa « règle du jeu », avec celle de son adversaire puisqu'il faut pour se battre, trouver un terrain commun. Toutes choses étant égales par ailleurs, le protagoniste le plus efficace sera celui qui parviendra à entraîner sur son terrain l'adversaire plutôt que l'inverse, de façon à pouvoir tirer avantage de ses atouts. C'est ainsi que dans la première Intifada (1987-1992), la puissance de feu et la rapidité de manœuvre sans égale de Tsahal étaient sans objet puisque le conflit se passait sur un autre terrain, choisi d'ailleurs avec intelligence et courage par l'adversaire palestinien du moment, le terrain de la médiatisation et de l'exemplarité. Pour avoir une chance de gagner, il aurait fallu que Tsahal convainque les Palestiniens de se placer sur le terrain de la violence armée : c'est d'ailleurs ce qui se passe pendant l'actuelle Intifada-Al Aqsa. Face à l'Intifada pacifique, Tsahal perdait la bataille morale de l'image et des valeurs, même à ses propres yeux avec des effets délétères sur son moral. De plus, ses propres points forts – projection de forces, discipline de feu, manœuvre tactique et stratégique – se trouvaient niés, aggravant la crise du moral. Le grand mérite stratégique de chefs palestiniens de l'époque, favorisé par la difficulté de l'époque de se procurer des armes en quantités significatives, est d'avoir rejeté la violence armée, et cela malgré les bilans terriblement asymétriques de cette première Intifada : près de 1 000 morts Palestiniens, 27 morts Israéliens de 1987 à 1992.

Cette théorie, vérifiée empiriquement dans les conflits « asymétriques » du XXe siècle, a été développée par un professeur[2] de l'université hébraïque de Jérusalem, Martin van Creveld, un des meilleurs spécialistes actuels de l'analyse de la guerre. Cette loi de convergence des règles du jeu représente un des dangers majeurs menaçant la lutte contre l'hyperterrorisme. Ce dernier est d'une violence sans limites ni frein : amener la société à recourir à son tour à une violence sans limites ni frein reviendrait à se placer sur le terrain de l'adversaire, lui donnant « raison » et donc l'avantage.

De surcroît, en se plaçant sur ce terrain, les forces de répression s'enfermeraient dans un cadre très problématique au plan pratique ; contre des groupes terroristes agissant à l'intérieur même du tissu social, les avantages classiques de la force militaire seraient perdus. La secte Aoum ne pouvait être dissuadée d'agir par les autorités japonaises puisqu'elle travaillait au cœur même de la capitale japonaise : il n'était évidemment pas question de l'éliminer par le feu. Quant à la violence portée contre des êtres humains pris un à un, le cas échéant par la torture, l'expérience de nombreuses guerres contre-insurrectionnelles du XXe siècle montre qu'il n'y a pas de plus sûr moyen de renforcer l'adversaire dans la certitude de la justesse de sa cause et dans sa capacité de recrutement. Pour les auteurs de tortures, il en résulte la destruction du respect que l'organisation répressive peut avoir d'elle-même et cela pour des durées pouvant se compter en décennies. La société finit à juste titre par rejeter plus ou moins rapidement les auteurs de telles ou telles méthodes, notamment parce qu'elles frappent inévitablement au-delà des frontières du groupe insurrectionnel visé. De l'Occupation à l'Algérie, du Viêtnam à Abou Ghraib, les études de cas ne manquent hélas pas ; elles vont toutes dans le même sens.

Ce bilan historique pourtant concluant ne suffit malheureusement pas à clore le débat : comme le montrent les débordements américains après le « 9/11 », la tentation est trop forte de prendre le raccourci de la torture, et elle le sera encore plus quand les armes de destruction massive entreront en jeu. Le recours à la torture sera justifié, du point de vue de ceux qui s'y livrent ou qui la couvrent, par le cas limite de la « bombe qui va exploser dans les prochaines heures et que l'on ne pourra désamorcer que si le terroriste que l'on vient de capturer se met à parler ». Le cas limite est en effet moralement difficile à traiter dans la tradition judéo-chrétienne comme dans bien d'autres, puisqu'on entre ici dans la logique de la recherche du moindre mal. Cependant, dans les écrits de ceux qui tentent de justifier la torture – les acteurs de la bataille d'Alger ayant été plutôt bavards, de Trinquier à Massu, de Schmitt à Aussaresses –, on ne trouvera aucun exemple concret de ce cas limite : le dilemme de la « bombe qui va exploser » et du « terro » qu'il faut donc « faire parler sans délai » est un excellent sujet de débat, mais il est théorique. Bâtir tout un système de destruction des personnes et de corrosion de ceux qui les détruisent, sur un débat académique serait risible s'il ne s'agissait d'une tragédie.

Dans la pratique, l'efficacité de la torture est supposée résider dans la collecte de renseignement permettant à terme de démanteler l'organisation terroriste : c'est d'ailleurs ce qui ressort très bien du film (anticolonialiste) *La Bataille d'Alger*, dans lequel le personnage figurant le responsable du renseignement de la division parachutiste à Alger montre comment il reconstitue interrogatoire après interrogatoire, l'organigramme du FLN dans la wilaya d'Alger. Bien entendu, le travail de renseignement visant à collecter des informations de ce type est absolument indispensable : et il sera au cœur de la lutte préventive et répressive contre l'hyperterrorisme. Mais la torture moralement et juridiquement inacceptable vient ici en trop. La guerre d'Algérie fut perdue, car la population algérienne avait été perdue par la France en cours de route : « L'efficacité policière fut relative... Le résultat politique fut lamentable. Par l'effet du... "téléphone arabe" toutes les fautes de l'armée... étaient connues dans toute l'Algérie et provoquaient une réaction de solidarité avec les victimes. ... Les médiocres victoires sur le terrain entraînèrent une grave défaite politique », écrivait à ce sujet Jacques Duquesne (envoyé de *La Croix* à Alger en 1957) en 2004 [3]. Le recours à de telles méthodes serait une des plus sûres façons de perdre la guerre contre l'hyperterrorisme en détruisant les fondements de l'éthique de la démocratie.

La tension entre la sécurité et la liberté se double des difficultés de communication face à l'hyperterrorisme : que peut-on dire ? Que doit-on taire ?

Avec l'hyperterrorisme, comme dans des opérations militaires mettant en jeu des milliers de vies humaines, cette tension devient extrême. La seule façon de la gérer convenablement est d'en reconnaître l'existence, de constater la légitimité forte mais opposée des besoins des autorités responsables d'une part – en dire le moins possible pour éviter de se fermer prématurément des options – et de la population d'autre part, qui souhaite en savoir le plus possible pour prendre ses propres décisions. Cette contradiction forte et inévitable n'est pas insoluble, parce qu'en dernière analyse, les autorités et la population partagent le même objectif fondamental : dénouer la crise le plus efficacement possible, avec un minimum de dégâts collatéraux. À partir du moment où cet objectif commun ultime est perçu, la communication peut être efficiente, la population admettant dès lors que tout ne puisse être dit, et les autorités comprenant qu'il est important pour le moral et le sang-froid des populations que les éléments de fait utiles soient communiqués, pour faire connaître le sens de l'action publique.

Bien qu'elle ne relève pas du registre terroriste, l'affaire du « nuage de Tchernobyl » est riche d'enseignements à ce propos : plus de dix-huit ans après les faits, la plupart des adultes français se souviennent encore des propos officiels dont la portée était accrue par la caution scientifique qui leur avait été conférée à travers la personnalité éminente du professeur Pierre Pellerin, directeur du Service central de protection contre les rayonnements ionisants. La contamination causée par l'accident d'un réacteur de Tchernobyl (26 avril 1986) n'avait pas franchi les frontières de l'Hexagone. C'était le cas type du pire mélange possible entre le « circulez, il n'y a rien à voir » et la transmission à la population d'informations scientifiques peu convaincantes sur le moment, et dont la totale fausseté est apparue à relativement faible délai. Peu importe, en ce qui concerne l'impact médiatique, que la contamination ait été en définitive généralement bénigne : en cas d'accident ou d'attentat nucléaire futurs, la communication publique sera rendue d'autant plus difficile – et l'action de limitation des effets de la crise compliquée d'autant. Ainsi, les erreurs du passé de communication limitent les marges de manœuvre futures des pouvoirs publics ; lorsque la communication a lieu sur toile de fond de stress élevé de la population, cette dernière s'en souvient pendant des années, voire plus d'une génération.

L'expérience montre que quelques principes peuvent inspirer la communication face à l'hyperterrorisme.

Tout d'abord, l'opinion publique et les relais d'opinion, notamment les médias, doivent disposer de données nombreuses et crédibles concernant tous les aspects de l'hyperterrorisme dans les limites d'un secret étroitement défini (tel le secret de l'enquête, de l'instruction, du savoir-faire technique détaillé), ces données devant être fournies dans la durée et résister en termes de fiabilité à l'épreuve du temps. C'est ce à quoi avait réussi l'*International Institute for Strategic Studies* de Londres pendant la guerre froide par la publication annuelle de la « *Military Balance* » servant de base au débat public sur l'état des forces et des stratégies. C'est ce à quoi s'emploie, dans le cadre français, la Fondation pour la recherche stratégique, à la demande du ministère de l'Intérieur, en matière de base de données « sources ouvertes » sur le terrorisme.

Ensuite, la communication publique doit être aussi détaillée que possible en temps de stress faible, afin d'en créer l'habitude dans l'opinion. En particulier, les exercices français ou européens d'entraînement ou de simulation face à la menace NRBC ou à d'autres formes de terrorisme doivent faire l'objet d'une communication systématique et détaillée, ceci contribuant à la fois à motiver les acteurs des exercices et à créer le sentiment dans l'opinion que toutes les précautions sont prises. Même si elle a lieu occasionnellement, par exemple à l'occasion de l'exercice chimique à la station RER des Invalides en octobre 2003, ce type de médiatisation doit être plus systématique. Le modèle est ici ce que fait l'EDF en ce qui concerne les incidents touchant l'exploitation des centrales nucléaires. Naturellement, cette communication doit être sereine, c'est-à-dire sans mise en scène disproportionnée, afin d'éviter les phénomènes contre-productifs, du type « au loup ! » accompagnant les récentes alertes terroristes aux États-Unis.

Enfin, l'organisation de la communication en temps de crise doit elle-même faire l'objet d'une préparation préalable, au plan des structures comme des simulations préalables, entre les différents acteurs officiels de l'État central, et ceci à tous les niveaux. Dans la réalité, ce sont bien les responsables du plus haut niveau qui sont amenés à intervenir. Les exercices de communication devaient impliquer aussi des responsables des médias. Le modèle ici est ce qui a été pratiqué en réel en France pendant la crise des euromissiles. En 1982-1983, une cellule comprenant des représentants de l'Élysée, de Matignon, de la Défense, du Quai d'Orsay et certains journalistes coordonnait la stratégie et le vocabulaire de la communication.

Il y a peu de domaines dont l'action soit à la fois aussi peu coûteuse à organiser et aussi lourde de conséquences positives ou négatives en cas de crise.

Mondialisation et lutte antiterroriste

La mondialisation des échanges d'idées, d'hommes et de marchandises est une des cibles d'Al Qaïda. En même temps, la lutte contre Al Qaïda passe entre autres par des mesures entravant cette mondialisation ; c'est une des manifestations de la convergence souhaitée par les terroristes des valeurs et de la « règle du jeu » des protagonistes de l'hyperterrorisme. Lorsque le « profilage » systématique de groupes humains entiers est pratiqué au détriment notamment des populations nées dans les États arabes et quand sont durcies les conditions d'octroi des visas, il n'est pas surprenant que le nombre d'étudiants arabes aux États-Unis diminue de plus d'un tiers. Si Al Qaïda ne recherchait pas forcément cet effet spécifique, il ne peut que s'en réjouir.

Pour limiter le risque qu'Al Qaïda soit le bénéficiaire ultime de nos propres mesures, quelques principes paraissent devoir être pris en compte. Ainsi, et sur ce point intervient à nouveau le « principe d'aggravation », il convient de penser en amont le dosage entre les mesures réactives et celles qui préparent l'avenir. Un exemple concret simple permet d'éclairer cette formulation très générale. Dans les aéroports du monde entier, le « 9/11 » américain a été suivi d'un renforcement pesant des mesures de sécurité aéroportuaire dans le monde. Pour s'en tenir aux aéroports de Paris, ce sont plusieurs milliers d'agents supplémentaires qui ont été recrutés souvent à la hâte. Si l'on estime à environ € 50 000 par an le coût chargé comprenant le coût des matériels techniques de chacun de ces agents, ce sont plusieurs centaines de millions d'euros supplémentaires dépensés chaque année à cette seule fin sur un seul grand pôle aéroportuaire. Ceci a parfois créé de nouveaux problèmes de sécurité tels que les vols de bagages, le recrutement « à la va-vite » de nombreuses personnes empêchant de conduire en temps utile les indispensables enquêtes de sécurité individuelles préalables systématiques.

Certes, de tels dispositifs peuvent dissuader les preneurs d'otages et les détournements d'avions. Force est cependant de constater qu'il y a eu très peu d'interceptions de terroristes au niveau des portiques de sécurité : on trouve certes en 1986 l'interception à Londres-Heathrow d'une femme voulant monter à bord d'un avion d'El Al alors qu'elle portait, à son insu, une bombe dans ses bagages à main, mais ce n'est pas vraiment récent. Ce n'est d'ailleurs pas au portique qu'elle fut détectée, mais lors de la séance systématique de questions posées par un agent de sécurité israélien comme a coutume de le faire El Al. Il est vrai que certains des terroristes du 11 septembre 2001 avaient été momentanément bloqués lors des contrôles de sécurité tout comme le fut quelques mois plus tard, l'« homme aux baskets explosives » : cependant, ils finirent tous par pouvoir passer.

À l'inverse, on recrute très peu en matière d'organisation de la sécurité de l'activité aéroportuaire face à de nouvelles menaces terroristes, comme le tir de missiles sol-air à très courte portée ou la prévention d'attentats-suicides. Bien que certaines de ces menaces aient été « pointées » dès les années 1970, il a fallu attendre la tentative de destruction en 2002 d'un avion de ligne israélien au décollage à l'aéroport de Mombasa par les SAM-16 d'une part, la destruction simultanée de deux Tupolev russes en 2004 par des kamikazes tchétchènes d'autre part, pour que l'on commence à mobiliser sérieusement dans ces domaines. Ceci est d'abord la responsabilité des services de renseignement et de police en amont, des compagnies aériennes et des constructeurs d'avions de ligne en aval ; mais l'activité d'une plate-forme aéroportuaire forme un tout qu'il convient de penser comme un grand système complexe, dans lequel l'organisme responsable des activités de la plate-forme joue donc un rôle pivot. Après tout, c'est en phase de décollage, d'atterrissage ou au sol que les avions sont vulnérables à des agressions. Trop souvent, ce qui prévaut, c'est la réaction *ex post* : Mohamed Atta a embarqué avec un cutter, donc il faut empêcher les gens de monter avec un couple-ongles dans l'avion ; Richard Reid est monté dans un Boeing avec des baskets explosives, donc on se déchausse avant de prendre l'avion aux États-Unis. Le tout est mis en œuvre avec un luxe de moyens. Mais même en faisant monter les passagers nus dans les avions, on n'aura pas éliminé le risque, à moins de les river à leur siège… La vision réactive et indiscriminée de l'organisation de la sécurité aéroportuaire est extraordinairement coûteuse et finit par confiner à l'absurde, aux dépens de dépenses peut-être plus utiles en matière de prévention du terrorisme. Pendant ce temps, le transport aérien devient de plus en plus pénible et son coût s'accroît avec l'envolée des taxes d'aéroport qui financent le coût de la sécurité. Malheureusement, les observations concernant les aéroports peuvent s'appliquer beaucoup plus largement.

En réfléchissant aux mesures de sécurité affectant la mondialisation, il convient aussi de manier avec une précaution particulière celles qui peuvent « geler » les circuits d'échanges. La *Container Security Initiative* (CSI) illustre le problème. Après le « 9/11 », à la suite notamment de l'interception en Méditerranée d'un agent jihadiste qui avait installé son poste de commandement dans un conteneur embarqué, les États-Unis ont proposé de repenser la sécurité portuaire. Plutôt que de contrôler un par un les dizaines de millions de conteneurs qui arrivent chaque année dans les ports américains (et ceci vaut davantage encore pour l'Europe), ce qui serait une tâche pratiquement impossible, les États-Unis ont proposé un système de certification à l'embarquement dans les ports étrangers : moyennant le respect d'un cahier des charges assorti de contrôles rigoureux et de la présence de douaniers américains à l'étranger, les navires provenant de ces ports sont assurés de franchir rapidement les contrôles aux États-Unis.

Pour une économie moderne reposant sur des flux tendus, l'avantage est considérable. Ainsi, des ports comme Marseille ou Singapour sont rentrés dans ce système. Il n'y aurait rien à redire, d'autant plus que les conteneurs sont des « boîtes » idéales pour acheminer des explosifs et autres armes des terroristes, cependant que les ports de destination sont truffés d'objectifs appétissants, s'il n'y avait pour conséquence potentielle la création de « laissés-pour-compte » permanents de la mondialisation. Tous les ports ne peuvent être certifiés : ceux qui le sont bénéficient d'une rente de situation, ceux qui ne le sont pas y perdent au change. Il ne s'agit pas ici de dénoncer la CSI, qui est un trop rare et bon exemple de la préparation de la sécurité face aux défis futurs, simplement, il faut être conscient des implications à terme d'éventuelles initiatives de ce type.

Mutatis mutandis, ce type de réflexion vaut aussi pour d'autres circuits de la mondialisation, notamment au plan financier. D'une façon générale, les circuits de la mondialisation fonctionnent d'autant mieux que la fluidité des échanges des personnes, des biens et des informations sera grande. Une atmosphère de crainte et les obstacles à la liberté des mouvements sont antinomiques avec la mondialisation : les groupes terroristes transfrontières cherchent donc à susciter des réactions paranoïaques, comme la prise systématique d'empreintes digitales aux frontières américaines, ou paralysantes.

À terme, les États-Unis souffriront des mesures qu'ils ont prises pour se barricader face à la menace d'Al Qaïda. En rendant plus difficile l'entrée sur le territoire, l'Amérique se prive de l'apport inappréciable des centaines de millions d'étudiants et de chercheurs étrangers. Pendant les années 1990, plus de la moitié des thèses de doctorat soutenues aux États-Unis dans les matières scientifiques était l'œuvre de non-Américains. Il se passera maintenant aux États-Unis, mais à une bien plus grande échelle, ce qui est advenu en France lorsque fut imposée à partir de 1986 l'obtention d'un visa d'entrée pour les ressortissants de pays qui en étaient jusqu'alors dispensés. L'université et la recherche françaises en ont grandement souffert. Le parallélisme est d'ailleurs saisissant : la décision concernant l'obligation de visa fut prise sans préavis à la suite des attentats commis à Paris à l'époque.

Combien d'argent ?

Les mesures évoquées plus haut coûtent de l'argent. Pis encore, il faudrait des ressources illimitées si l'on prétendait couvrir de façon satisfaisante tous les scénarios hyperterroristes possibles, en partant du principe contestable que tout ce qui peut aller mal ira forcément mal. Dans le monde réel, il n'y a pas de ressources illimitées, et il faudra toujours élaborer au plan budgétaire des compromis entre le souhaitable et le possible. Ces compromis seront d'autant plus accessibles qu'aura été pensée en amont la préparation rationnelle à l'hyperterrorisme d'une part, et qu'aura été réduit le risque d'un choc des civilisations d'autre part. Pour élaborer ces arbitrages, quelques pistes pourraient être esquissées.

Tout d'abord, et ceci vaut d'abord pour la France mais pourrait valoir pour l'Union européenne de façon générale, il serait urgent et essentiel de procéder à un recensement raisonné et critique, à un audit, des efforts déjà réalisés pouvant contribuer à prévenir l'hyperterrorisme ou à en limiter les efforts. Un tel audit devrait procéder à la fois par catégorie (personnel, investissement...), par objectif (renseignement, police, sûreté, projection de forces...) et par donneur d'ordre : État central, collectivités régionales et départementales, municipalités, opérateurs d'infrastructure critique... Un tel travail serait compliqué à mener au plan méthodologique, puisque beaucoup de dépenses contribuent de manière générique à la sécurité plutôt que spécifiquement contre l'hyperterrorisme : ainsi, des caméras en circuit fermé pourront servir indifférement à la lutte contre les actes d'incivilité, les vols organisés ou les entreprises terroristes. Il convient précisément de prendre appui sur cet obstacle pour déterminer la part de ce qui est largement spécifique à la lutte contre l'hyperterrorisme (ainsi des moyens de détection NRBC installés en milieu urbain) et de ce qui a une vocation plus large. L'audit devrait être non seulement budgétaire, mais physique : un inventaire matériel de ce qui peut contribuer à la lutte contre l'hyperterrorisme aux différents niveaux d'intervention ne serait pas inutile.

L'initiative servirait à évaluer les zones d'effort nécessaires ainsi que les besoins en matière d'interopérabilité entre réseaux ou matériels entretenus par des acteurs différents. L'audit servirait aussi de point d'appui pour l'établissement des programmes dans des domaines à la fois importants et déficients.

Ensuite, certaines dépenses nouvelles devront être engagées. À titre d'exemple, aux États-Unis, le budget du ministère de la Santé consacré à la défense contre le terrorisme biologique est de $ 3,6 milliards en 2004. Rapporté à l'échelle démographique de la France, ce dernier chiffre représenterait € 600 millions environ ; or le plan Biotox représente environ € 155 millions en 2004. Sans suggérer de procéder par pure et simple homothétie avec les États-Unis, on constate l'ampleur du décalage (de 1 à 4) dans un domaine où la France fait mieux que dans d'autres. On notera aussi que le *Department for Homeland Security* américain consacrera en 2005 $ 1,2 milliard à la recherche et au développement de sécurité. II n'existe pas de postes budgétaires de nature comparable dans la plupart des États européens, dont la France.

Enfin, comme on ne peut jamais tout faire à la fois, il faudra prélever sur les dépenses existantes pour nourrir la lutte antiterroriste. Un effort délibéré de recherche de synergies entre les budgets existants de sécurité et l'hyperterrorisme pourra réduire la pénibilité de l'exercice. Ainsi, le très considérable budget de la défense, et notamment la partie consacrée à la R&D, ne doit certes pas être traité comme une simple vache à lait de la lutte contre l'hyperterrorisme. Par contre, il serait souhaitable de privilégier les dépenses militaires pouvant contribuer à la fois à des finalités de défense extérieure et de sécurité intérieure : face à l'hyperterrorisme, il faut faire fonctionner en synergie l'ensemble des départements ministériels concernés.

CHAPITRE V

Passages obligés pour une politique étrangère

Au cours des dernières années, le système international s'est trouvé engrené dans un cercle vicieux : la menace hyperterroriste aggrave et est aggravée à son tour par l'échec de la politique moyen-orientale suivie par les États-Unis, qui elle-même interagit négativement avec la dégradation de la relation transatlantique accroissant le péril hyperterroriste, et ainsi de suite. Il devient urgent de rompre ces rétroactions mortifères, porteuses de chocs des civilisations et entravant la capacité de la vieille Europe à faire face aux défis stratégiques, politiques et économiques du monde contemporain : montée de l'Asie orientale, déséquilibres environnementaux, drames africains... On proposera ici quelques points de passage dans lesquels pourrait s'engager et s'investir la France, en tant que membre de l'Union européenne, en relation avec nos difficiles et nécessaires partenaires américains. Il s'agit donc non pas de procéder zone géographique par zone géographique – ainsi des pays aussi importants que la Russie ou l'Inde n'y seront pas spécifiquement évoqués –, ou de se livrer à une revue de détail, mais de définir des actions clés conditionnant le succès à terme d'une politique étrangère et de sécurité efficace et cohérente.

La relation transatlantique peut-elle être reconstruite ?

Compte tenu de la crise sans précédent, en durée comme en activité, des relations transatlantiques, la reconstruction du partenariat euro-américain est une priorité évidente. Le résultat de l'élection présidentielle et législative américaine du 2 novembre 2004 met le sujet à l'ordre du jour de façon naturelle. De même, il faudra mesurer en 2005-2006 les conséquences du processus de ratification du traité constitutionnel européen, qui a démarré à la fin 2004 pour se prolonger tout au long des deux années suivantes, voire davantage.

Du côté américain, l'étendue de la redéfinition des relations euro-américaines sera fonction d'une part des conséquences lourdes de la fin de la guerre froide, d'autre part, des changements introduits par les attaques du « 9/11 » américain sur la manière dont les États-Unis voient le monde et se voient dans le monde. Fait sans précédent depuis les élections de la Seconde Guerre mondiale, les questions de sécurité figurent depuis maintenant trois ans au premier rang de la liste des préoccupations politiques des citoyens américains ; le poids de la guerre du Viêtnam dans l'élection présidentielle de 1968 avait été un phénomène transitoire. Aussi existe-t-il désormais une interaction plus forte que naguère entre la politique électorale américaine et la dimension sécuritaire des relations transatlantiques. Le sentiment qu'a le peuple américain d'avoir été visé en tant que tel par Al Qaïda pèse lourdement, les Américains estiment que cela confère aux États-Unis un rôle exceptionnel et directeur dans la lutte contre le terrorisme international. Cela cependant ne préjuge pas du contenu des stratégies suivies : une focalisation de la politique de sécurité américaine au plan budgétaire et stratégique sur la *Homeland Defense*, par contraste avec l'accent mis sur la projection de forces sous les cieux afghans et irakiens, peut être un choix aussi naturel que l'interventionnisme militaire des années 2001-2004. De même, une politique étrangère néoréaliste respectueuse des partenaires de l'Amérique peut à terme fort bien l'emporter sur le néo-wilsonisme unilatéraliste ayant présidé à l'expédition de Bagdad. La marge de choix stratégique dans laquelle pourrait théoriquement se situer la politique poursuivie par l'administration issue des élections de novembre 2004 est exceptionnellement large. Par contraste et à l'inverse, on peut d'ores et déjà prévoir qu'un réseau de contraintes intérieures exceptionnellement serré limitera la marge de manœuvre de l'occupant de la Maison Blanche pendant le mandat 2005-2009, malgré la large victoire du président Bush.

Dans la société de confiance que sont par excellence les États-Unis, le président Bush a bénéficié après le « 9/11 » d'un crédit illimité de la part de ses concitoyens, et cela d'autant plus que dans les premiers temps après l'attaque, la Maison Blanche paraissait tout faire pour mériter cette confiance : réaction déterminée et ferme immédiatement après le choc, conduite efficace des opérations en Afghanistan, soutenues politiquement par la Communauté internationale et militairement par les alliés des États-Unis.

Une opinion profondément choquée de se découvrir si vulnérable, avait le sentiment d'être à la fois conduite par des dirigeants incarnant ses préoccupations, et comprise par des partenaires qui étaient « tous des Américains » face à l'hyperterrorisme. Ce dernier facteur est important pour un peuple très sensible à l'image qu'il peut avoir dans le monde, qui coexiste avec la force de caractère du shérif abandonné de tous dans *Le train sifflera trois fois*. C'est ce chèque en blanc fait à l'administration par la population qui a permis au président George W. Bush de s'engager sans difficultés majeures dans la guerre d'Irak, et d'avoir les mains libres pendant la première année d'occupation. Pendant les deux années qui ont suivi le « 9/11 », les contrepoids habituels, tant institutionnels que médiatiques, de la démocratie américaine ont été largement neutralisés par une vision sacrée qui valait blanc-seing pour le Président.

À l'inverse, lors de la guerre du Golfe de 1991, et face à une violation irakienne massive en flagrant délit du droit international, le président Bush père n'avait recueilli le soutien que d'une majorité limitée au Sénat (52 pour, 47 contre sur 100) et à la Chambre des Représentants (250 pour, 183 contre), alors que l'ONU et les alliés des États-Unis soutenaient l'autorisation de recourir à la force militaire pour entrer en guerre contre l'Irak. Seule une petite minorité de parlementaires démocrates avait approuvé l'entrée en guerre, alors qu'il s'agissait de libérer, en application des résolutions du Conseil de sécurité, le Koweït occupé par les troupes de Saddam. Le 11 octobre 2002, le président Bush fils reçut le soutien de 77 sénateurs sur 100, dont 28 sénateurs démocrates sur 50, pour envahir un État souverain et en déposer le régime, sans mandat explicite du

Conseil de sécurité, sans l'accord de l'OTAN et contre l'avis de la grande majorité de l'opinion publique des alliés européens et asiatiques des États-Unis. Il a fallu attendre avril 2004 pour qu'une majorité relative d'Américains parvienne à la conclusion qu'avoir commencé la guerre d'Irak était une erreur. Cependant, cet avis n'a pas entraîné un désaveu de George W. Bush en tant que chef suprême des armées (*Commander in Chief*) où il conservait une crédibilité sans égale pratiquement jusqu'à la veille des élections présidentielles, alors même que l'opinion publique américaine était fortement polarisée en parts à peu près égales entre pro-Bush et anti-Bush sur à peu près tous les sujets depuis le deuxième semestre 2003. Le président Bush gardait le soutien de l'opinion face à l'hyperterrorisme : même au lendemain de la Convention du Parti démocrate à Boston en juillet 2004, le président Bush était considéré comme étant plus crédible que le sénateur Kerry dans la conduite de la lutte contre le terrorisme.

Consentie massivement au début, la confiance a progressivement cessé d'être générale et aveugle. Ce fut d'abord l'expérience d'une occupation de l'Irak qui brilla par son impréparation et son incompétence, même si en soi cela n'était pas forcément important aux yeux de l'électeur moyen. Surtout, les révélations très imagées des abus ou tortures pratiqués dans les prisons de l'occupant américain montrèrent au monde et renvoyèrent à l'Amérique une image insupportable d'elle-même. Même si cela n'était pas mis directement au débit de George W. Bush par la majorité de l'opinion, le choc fut très rude. Ensuite, ce fut la montée en régime des critiques sur les défaillances de la lutte antiterroriste avant le « 9/11 » formulées à l'encontre de l'administration Bush. Cela commença par la sortie du livre du principal conseiller de la Maison Blanche sous Clinton et Bush en matière de lutte contre le terrorisme : le livre[1] de Richard Clarke qui avait démissionné de son poste au Conseil national de sécurité en janvier 2003, devint rapidement un best-seller, difficile à récuser. Dans la foulée, ce fut celui de Bob Woodward, *Plan d'Attaque* qui était très délicat à critiquer, car son auteur avait reçu ses informations de la meilleure source, y compris du Président, et n'était pas *a priori* animé de sentiments critiques envers Bush. Le livre montrait néanmoins clairement comment la guerre d'Irak avait été « montée » de toutes pièces dès le lendemain du « 9/11 ». Enfin, il y eut le 19 juillet, le rapport bipartisan de la « Commission du 9/11 », qui mit en relief les insuffisances du renseignement américain avant les attaques du 11 septembre 2001, en partie du fait du défaut d'intérêt d'une administration focalisée sur d'autres priorités. En un mois, 1,1 million d'exemplaires avaient été vendus aux États-Unis. Les accusations d'autisme portées par Richard Clarke à l'encontre d'un Président qui ne voulait pas entendre parler d'Al Qaïda s'y trouvaient largement confirmées.

À partir de là, les accusations d'un Michael Moore peu étayées mais portées dans le *Fahrenheit 911* par une technique cinématographique efficace relevant des techniques de propagande les plus éprouvées, pouvaient faire mouche. De même, et sur un autre plan, les alertes terroristes à répétition que l'opinion américaine avait supportées avec patience jusque-là, donnèrent lieu à des accusations d'instrumentalisation partisane qui (vraies ou fausses) témoignaient du basculement de plus en plus large de l'opinion dans la méfiance.

Ce mouvement ne s'est pas traduit par un transfert de voix mécanique vers le candidat démocrate : George W. Bush a été élu le 2 novembre 2004 avec plus de 51 % des voix. Il n'en reste pas moins que le président Bush ne bénéficie plus du consensus instinctif qui lui donnait une marge de manœuvre sans précédent après le « 9/11 » nonobstant les conditions difficiles de l'élection de novembre 2000. Il paie ainsi pour la déception causée par l'abus de confiance imputée à l'action de la Maison Blanche en Irak. *Mutatis mutandis*, une comparaison peut être effectuée avec la défaite au Viêtnam que tous les présidents américains dans les décennies suivantes ont payée en termes de perte de marge de manœuvre stratégique et militaire. Même porté à nouveau à la présidence en novembre 2004, le président Bush ne pourra plus ignorer qu'à ses risques et périls cette contrainte nouvelle sur sa liberté d'action. La période de perte d'esprit critique, qui a suivi le traumatisme du « 9/11 », a disparu aussi bien dans le monde politique qu'au plan médiatique, comme dans l'opinion de façon plus générale. Il n'est même pas certain qu'un nouveau « 11 septembre » redonnerait au chef de l'Exécutif américain la même latitude dont avait bénéficié le président Bush après le « 9/11 ».

Ceci se traduira donc par une présidence 2005-2009 moins unilatéraliste, moins wilsonienne, moins fortement engagée à l'extérieur que sous le mandat 2001-2005, indépendamment des préférences idéologiques de la personne élue : George W. Bush II sera moins interventionniste que George W. Bush I. Dans ces conditions, la redéfinition du partenariat euro-américain sera complexe, car la défiance américaine à l'égard des pays les plus engagés contre la guerre d'Irak n'a pas disparu. La France ne sera pas à nouveau aimée parce que les événements lui auraient donné raison : être dans le vrai après avoir paru être dans son tort n'est pas plus générateur de popularité dans la vie des peuples que dans celle des personnes physiques. La « vieille Europe » est largement perçue, y compris dans le Parti démocrate, comme ayant failli à ses obligations d'allié ; et le style de son opposition lui sera longtemps reproché.

La reconvergence au plan psychologique aurait certes été relativement plus aisée à conduire, du moins dans les premiers temps, avec une administration Kerry qu'avec une administration Bush : le sénateur du Massachusetts avait une connaissance certaine du monde, y compris des langues française et allemande, et n'avait pas de compte personnel à régler avec les États qui ont refusé de soutenir l'invasion et l'occupation de l'Irak. Reste que sous « Bush II », les relations transatlantiques seront forcément un sujet de dialogue, fût-il difficile, voire dur.

Une redéfinition des relations euro-américaines passera d'abord par la mise à jour des instruments spécifiques du dialogue transatlantique : l'OTAN et les relations entre les États-Unis et l'Union européenne. *A priori*, l'avenir de l'OTAN est assez facile à dessiner, en creux comme en bosse. L'OTAN a cessé, depuis la guerre du Kosovo, d'être un instrument de conduite d'opérations militaires engageant l'ensemble des forces des États membres. En parallèle, ses fonctions de levain de la réforme dans les politiques et structures de sécurité des pays ex-communistes sont en déclin relatif, dès lors que ces pays rejoignent les uns et les autres l'Organisation. L'Alliance atlantique continuera d'être un lieu essentiel du dialogue de sécurité euro-américain, mais avec une capacité limitée d'embrasser les grands problèmes en la matière : évolution du Moyen-Orient, lutte contre l'hyperterrorisme, émergence de la Chine, avenir de l'Afrique... L'OTAN continuera de jouer, voire développera, son rôle d'animation d'opérations de maintien ou de soutien à la paix, à l'instar de ce qui se fait dans les Balkans ou à Kaboul. Enfin, et surtout, l'OTAN sera le producteur majeur d'interopérabilité entre les forces des États susceptibles de former des coalitions *ad hoc*.

Les mesures concernant l'OTAN devraient s'organiser autour de ce diagnostic, y compris de la part de la France. La création de la force de réponse de l'OTAN (NRF) et celle du commandement allié pour la transformation des forces (ACT) sont des initiatives positives. Le fait que la France y soit pleinement intégrée *ab initio*, est de bon augure. Avec le développement de ce type d'activité par l'OTAN, la France devrait envisager de façon générale la fin de son statut à part, dès lors que l'articulation entre l'OTAN et la Politique de sécurité et de défense de l'Union européenne (PESD) continue d'être mise en place d'une manière conforme à nos vœux.

Le soutien des États-Unis, plutôt que leur hostilité, par rapport aux initiatives de défense de l'Union européenne s'inscrirait de façon rationnelle et harmonieuse dans ce cadre. Malheureusement, telle n'a pas été la tendance sous George W. Bush comme sous Bill Clinton. De surcroît, pendant la présidence Bush, le Pentagone a utilisé tous les moyens à part la guerre, pour briser les tentatives de l'Europe de mettre en place le système spatial *Galileo* de navigation et de guidage, de crainte que celui-ci n'accroisse l'autonomie stratégique des Européens. Ces efforts américains figuraient littéralement juste derrière la lutte menée contre les pays de l'« Axe du Mal » (Irak, Iran, Corée du Nord). Il a fallu beaucoup d'énergie et pas mal de chance pour que *Galileo* survive à cette opposition.

Difficulté plus fondamentale, l'administration Bush a répondu de façon claire et négative à la question : les États-Unis considèrent-ils qu'il est dans leur intérêt que les Européens s'unissent stratégiquement, politiquement, économiquement ? Si, durant le premier demi-siècle de la construction européenne, les États-Unis ont souvent louvoyé ou hésité face à l'unification de l'Europe, en dernière analyse ils considéraient qu'il valait mieux « faire avec » que de bloquer activement les efforts des Européens. Avec la crise irakienne, l'administration Bush a montré qu'elle préférait une Europe divisée (au sein de l'OTAN comme de l'Union européenne), plutôt que le maintien de son unité, fût-ce autour d'un consensus mou. À l'époque de la guerre du Viêtnam, c'est le choix du consensus qui prévalut à Washington, qui préféra une Europe unie dans la confrontation avec l'URSS le long du rideau de fer, au prix de l'absence de forces européennes au Vietnam. Dans la crise irakienne, l'administration Bush préféra casser l'OTAN et l'Union européenne pour obtenir le soutien militaire de quelques alliés. Les Européens doivent-ils s'attendre désormais à une politique américaine plus ou moins active de division de l'Europe.

En parallèle, l'administration Bush, suivant ici la politique entamée sous Clinton, milite pour une mondialisation de l'OTAN. Ce n'est pas forcément un problème s'il s'agit de la capacité de l'OTAN d'opérer hors de la zone établie par le traité de 1949 (dans l'Atlantique, en Europe et au nord du tropique du Cancer). En atteste la présence de l'OTAN en Afghanistan, sur laquelle les alliés s'accordèrent relativement facilement en 2002. En revanche, les partisans de l'« OTAN mondiale » ont une vision plus systématique et souhaitent établir la présomption d'une réponse euro-américaine commune au plan politique, comme le cas échéant militaire, aux grands défis de sécurité que les États-Unis estiment devoir affronter, du Grand Moyen-Orient au détroit de Formose. Cette présomption, fortement ancrée dans les esprits aux États-Unis, contribue à l'impopularité durable et largement répartie de la France et de l'Allemagne du fait de leur refus de soutien aux États-Unis dans l'affaire irakienne qui ne relevait pourtant pas du mandat de l'OTAN. Cette vision est aussi illusoire et ne peut qu'être une énorme source de malentendus transatlantiques.

En outre, l'OTAN a peu de moyens d'agir comme instance de coopération euro-américaine vis-à-vis des nouveaux grands défis internationaux. On la voit mal intégrer les données commerciales des relations avec la Chine dans des discussions sur l'émergence de cette nouvelle grande puissance, et servir d'instrument pour l'application des mesures (éducation, parité hommes-femmes, gouvernance...) recommandées par le PNUD pour le Moyen-Orient arabe.

Bien sûr, la conduite des relations bilatérales entre les États-Unis et quelques partenaires européens plus importants que d'autres permet de suppléer en partie aux insuffisances de l'OTAN. Traditionnellement, le Royaume-Uni, l'Allemagne et la France se situent chacun au cœur d'un tel dialogue avec les États-Unis, mais là aussi, les limites sont claires. Le rôle de Londres, Paris et Berlin est important, mais n'engage pas *ipso facto* les 25 membres de l'Union européenne d'aujourd'hui et les 30, voire plus, de l'Union européenne en 2015. Certes, des mécanismes de discussion existent entre l'Union européenne et les États-Unis, avec un sommet annuel généralement au mois de juin. Cependant, ce dialogue est resté d'importance secondaire jusqu'à présent. L'Union européenne en tant que telle se présente de façon éclatée, avec d'un côté un haut représentant de la Politique extérieure et de sécurité, M. Solana (depuis la fin 1999), d'essence intergouvernementale, et de l'autre le responsable des Relations extérieures de la Commission européenne, pour toutes les compétences communautaires (commerce, concurrence, agriculture, aide au développement...). De plus, ces sommets minutieusement préparés, laissent peu de place à la spontanéité, et à la continuité, en l'absence d'un mécanisme de suivi des décisions.

Pour l'avenir, quelques conditions assez faciles à remplir permettraient une évolution substantielle de la situation. Ainsi, il pourrait être décidé de créer un secrétariat euro-américain chargé de la préparation et surtout du suivi des décisions, des sommets Union européenne-États-Unis. Ensuite, il y aurait la désignation d'un ministre des Affaires étrangères de l'Union européenne s'appuyant sur un corps diplomatique européen, et rassemblant l'ensemble de l'action extérieure de l'Union, de la PESC à la Commission. Ceci est prévu dans le traité constitutionnel et pourrait entrer en application avec la fin des procédures de ratification. Le type de travail que pourrait accomplir le système de sommets Union européenne-États-Unis s'apparenterait à celui effectué peu après la crise irakienne, à l'occasion du sommet euro-américain tenu à Washington en juin 2003. Les ambitions nucléaires iraniennes avaient alors été examinées sous tous leurs aspects à cette occasion, y compris au niveau commercial, dimension cruciale du problème. Il n'existait pas d'autre cadre pour procéder de cette manière. C'est à partir de là qu'a pu être engagée la négociation nucléaire franco-germano-britannique avec l'Iran, sans avoir à craindre une crise d'une part avec les autres membres de l'Union et d'autre part, avec des Américains peu favorables à la discussion avec le régime des ayatollahs. Le sommet avait permis de déblayer le terrain.

Naturellement, ce genre d'initiative purement institutionnelle ne pourra pas donner de résultats en l'absence d'une réelle volonté de convergence au fond entre les États-Unis et l'Union européenne et ses membres – et cette condition-là risque d'être particulièrement difficile à remplir au cours des quatre prochaines années.

Enfin, pour que fonctionne le dialogue euro-américain, les Européens doivent collectivement s'habituer à « penser stratégiquement », à aborder les grands problèmes avec leur propre vision, leurs propres objectifs, en vue de la négociation avec les Américains. Trop souvent, leurs alliés américains sont ceux qui proposent, et puis ce sont les Européens qui réagissent, positivement ou négativement, et parfois les deux à la fois, au risque de se diviser : c'est ce qui s'est passé pendant la crise irakienne. Ce mode opératoire exacerbe les frustrations et souligne les antagonismes. Par ailleurs, les théoriciens et les praticiens des questions stratégiques savent que, tous les autres facteurs étant égaux, une posture réactive est une conduite perdante face à un partenaire proactif. Les Européens doivent devenir beaucoup plus systématiquement proactifs, même si cela est parfois mal reçu par les Américains, d'autant que ces derniers n'y sont pas encore habitués. Naturellement, mieux vaut une pro-activité fondée sur un contenu approprié offrant une chance de succès et un compromis opéré entre plusieurs propositions que de laisser systématiquement le partenaire américain mener le jeu. Le conflit israélo-palestinien est un des rares domaines sur lequel l'Europe se présente unie, avec un certain degré de proactivité ; mais il n'est pas évident que le terrain spécifique choisi soit le plus prometteur et que l'expression de la politique retenue soit la plus constructive.

Éviter le choc des civilisations : l'Europe, l'Amérique et le Moyen-Orient

Les relations entre les États-Unis et les peuples du Moyen-Orient arabe sont actuellement si mauvaises qu'il y a lieu pour les Européens comme pour les Américains de s'interroger sur l'opportunité, ou plus exactement, sur l'inopportunité, d'une convergence euro-américaine autour des grands problèmes qui se posent dans la région. Une association trop étroite entre l'Europe et les États-Unis risque de confirmer aux yeux de l'opinion arabe ce que martèlent les groupes jihadistes : le pays de la mécréance constitue un tout, les Juifs et les Croisés étant décidés à poursuivre l'humiliation des vrais croyants. On plaidera pour la vertu de la différence lorsque celle-ci n'est pas le produit de la faiblesse et lorsque la différence européenne a un sens positif et ne relève pas seulement de l'instrumentalisation. Cette politique de différenciation n'est pas ici animée par de l'anti-américanisme : elle peut même dans certains cas être l'expression d'une division du travail. En aucun cas, il ne doit s'agir de rechercher l'incompatibilité entre les politiques des États-Unis d'un côté, des Européens de l'autre.

En termes chronologiques, l'un des tout premiers problèmes moyen-orientaux auquel les Européens ont à faire face en termes nouveaux après les élections américaines, concerne l'Irak. Une fois passé l'échéance électorale américaine et les élections irakiennes prévues pour janvier 2005, il est tout à fait possible que la nouvelle administration américaine élabore un plan de retrait des troupes américaines y opérant, ou, à défaut, qu'elle tente d'obtenir une victoire décisive sur le terrain par une augmentation du nombre des forces déployées, avec un calendrier s'achevant au plus tard dans les mois qui précéderont les élections législatives américaines de milieu de mandat de novembre 2006. Dans les deux cas, le concours des alliés des États-Unis sera demandé.

Une réponse clairement négative de ces pays serait évidemment mal accueillie ; une réponse positive, pour peu que la situation sécuritaire et politique de l'Irak continue de ressembler à celle qui prévaut depuis le « transfert de souveraineté » du 30 juin 2004, exposerait nos soldats à des risques difficiles à expliquer à notre opinion, alors même que les États-Unis n'augmenteront pas leurs propres effectifs en Irak. De plus, un tel alignement renverrait brutalement au schéma « un seul Occident contre le monde arabe ».

La question pourrait appeler une réponse différente si plusieurs conditions étaient réunies. Si l'Irak tient avec succès ses élections à la fin janvier 2005, légitimant le régime et apportant la preuve par neuf que la situation sécuritaire s'est fortement améliorée ; si l'ONU mandate une force de soutien à la paix comparable de par sa mission et ses règles d'engagement à la Force internationale d'assistance et de sécurité qui patrouille à Kaboul depuis plus de deux ans ; et si plusieurs pays arabes et musulmans contribuent à une partie importante des effectifs de la nouvelle force, les deux pays de la « vieille Europe » pourraient reconsidérer leur position. La probabilité que de tels préalables soient remplis de manière convaincante était encore faible au moment où ces lignes étaient écrites. L'Irak paraît plutôt s'orienter soit vers un mélange de guerre civile à la libanaise avec le déchaînement de la terreur jihadiste, soit vers une dictature plus ou moins efficace mais qui ressemblerait, ce qui serait une sorte de progrès, à l'autocratie d'un Moubarak plutôt qu'au règne sanglant de Saddam. On est loin en tout cas des rêves des néoconservateurs.

Le conflit israélo-palestinien sera un terrain essentiel sur lequel les Européens souhaiteront voir les États-Unis revenir à des dispositions voisines de celles de Bill Clinton pendant son second mandat. Un président américain court de grands risques à s'aventurer sur ce terrain pendant son premier mandat, sauf si les protagonistes de la région sont eux-mêmes porteurs d'une solution conjointe, à laquelle ils souhaitent que les États-Unis apportent aide et concours. Le président américain est alors peu vulnérable politiquement puisque ses détracteurs aux États-Unis pourront difficilement être plus israéliens qu'Israël ou palestiniens que le Fatah. Les accords de Camp David de 1979 et les accords d'Oslo (septembre 1993), appartenaient à cette catégorie trop rare, qui a malheureusement disparu de l'horizon politique.

Un second mandat de Bush pourrait réserver quelques surprises, du moins en théorie, nonobstant le caractère « pro-Sharonien » de l'attitude personnelle et politique de George W. Bush. Un second mandat se prête à des initiatives hardies. Or, George W. Bush a pris fait et cause pour une solution politique basée sur deux États séparés sur le territoire de la Palestine mandataire d'avant 1948 ; la majorité de l'opinion israélienne s'est de son côté progressivement ralliée à la formule de deux États physiquement séparés, y compris dans les rangs du Likoud. Il existe ainsi un socle sur lequel les États-Unis pourraient bâtir une solution politique israélo-palestinienne pour le jour où ils décideront de s'investir dans la résolution du conflit.

Malheureusement, aucun signe précurseur d'une telle évolution ne peut être détecté à ce stade. Vu l'image exécrable que le président texan a donnée de lui-même et de son pays dans le monde arabe, une éventuelle relance de jeu sera en tout état de cause plus difficile qu'elle ne l'a été pendant les mandats de George Bush père ou de Bill Clinton : le premier était prêt à jouer sur la faiblesse politique des Palestiniens et sur la dépendance stratégique des Israéliens à l'issue de la guerre du Golfe, cependant que le second recueillait les fruits des processus de Madrid et d'Oslo lancés par son prédécesseur avant de lancer ses propres initiatives. Même les autocraties moyen-orientales doivent tenir compte de l'état de leur opinion, or cette opinion anti-américaine et anti-israélienne n'est pas seulement un artefact créé ou entretenu par ces régimes à des fins de stabilité politique intérieure, et manipulable au gré de ces régimes. Elle existe réellement et pas seulement en tant que « Frankenstein » politique produit par les dictateurs du cru.

Les Européens manifestent une grande unité vis-à-vis du problème israélo-palestinien, par leur soutien unanime et sans restrictions à la « Feuille de route » élaborée par le « Quartet » (ONU, États-Unis, Union européenne, Russie) et acceptée à des degrés divers par le gouvernement israélien et l'autorité palestinienne. En juillet 2004, les 25 membres de l'Union ont tous voté en faveur de la résolution de l'Assemblée générale condamnant la construction par Israël d'une barrière physique bâtie dans les territoires occupés. Normalement, on se réjouirait de cette unité, qui se bâtit sur des bases différentes de celles des États-Unis : l'Union européenne sur ce sujet, existe vraiment. Sur le fond, on s'en plaindrait d'autant moins que le schéma envisagé par la « Feuille de route » possède de vraies vertus, corrigeant les défauts inhérents au processus d'Oslo. Engager le dialogue euro-américain autour de la remise en vigueur de la « Feuille de route » serait ainsi une action rationnelle et raisonnable, une fois passé le cap des présidentielles des États-Unis.

Cependant, l'approche européenne pose problème. L'opinion israélienne et les gouvernements successifs d'Israël perçoivent l'Europe comme étant animée par un biais indécrottablement anti-sioniste, pro-arabe et pro-palestinien voire antisémite. Ceci n'est pas seulement une manifestation de rejet à l'égard d'une Europe indissociable des malheurs indicibles dont ont été victimes les Juifs au XXe siècle, rejet ravivé par le regain de l'antisémitisme constaté ces dernières années sur notre continent. Il y a une dimension supplémentaire à la défiance israélienne liée à la nature même du processus d'intégration européenne. L'Union européenne est bâtie sur le dépassement des nationalismes militants porteurs de guerre, alors qu'Israël est l'expression d'un nationalisme militant (le sionisme) comme il en existe de nombreux exemples de par le monde, y compris sous la forme du nationalisme palestinien. Cette différence de nature entre le projet européen et le projet sioniste contribue à expliquer la compréhension et parfois la complaisance dont ont bénéficié au cours des trois dernières décennies les mouvements palestiniens, même dans leurs manifestations les plus violentes, puisque le peuple palestinien est perçu comme une victime soumise à la violence de l'occupation israélienne, considérée comme étant d'un autre âge. Or, la guerre et ce qui en découle (l'occupation) n'est pas pour l'Europe post-moderne un moyen « normal » de règlement des différends par des États industrialisés et démocratiques. La première Intifada (1987-1992) palestinienne a été particulièrement efficace et durable dans ses effets sur l'opinion européenne puisqu'il y avait bien là le contraste achevé entre un nationalisme brutal et meurtrier (et il l'était) et un peuple victime ne s'exprimant pas par la violence meurtrière (et tel était le cas à l'époque).

La part de l'histoire, de l'antisémitisme européen et de l'anti-judaïsme chrétien traditionnel à la Shoah, jointe aux actes contemporains de judéophobie et d'antisémitisme se combine avec cette vision décalée entre le post-nationalisme européen et le nationalisme israélien pour produire un redoutable cocktail. Le peuple d'Auschwitz devenant bourreau : voilà un renversement de perspective propre à plaire aux antisémites avoués de toute origine (religieuse, politique, ancienne, contemporaine) tout en donnant bonne conscience à ceux, beaucoup plus nombreux, qui ne s'avouent pas ou ne veulent pas être reconnus comme tels : on fera nôtre l'expression d'« antisémitisme par procuration », mise en exergue par Jean-Christophe Rufin [2].

Point n'est besoin d'être animé d'une sympathie quelconque envers la désastreuse politique israélienne de colonisation des territoires occupés pour reconnaître la force redoutable – et inacceptable – de cet accouplement des pires sentiments avec tout ce que le projet européen de dépassement de la guerre et des nationalismes a de généreux et de novateur. L'Européen que je suis est mortifié de voir un esprit aussi fin que Jean-Claude Milner présenter l'Union européenne comme une sorte d'anti-Israël [3], et encore plus mortifié de constater que des arguments de fait et d'analyse puissent donner corps à un jugement aussi dur. Sans rentrer ici dans la discussion des pour et contre qui justifierait par ailleurs un ample travail d'écriture et de débat, l'on se bornera ici à constater la force de ce sentiment en Israël. Naturellement, il est renforcé par d'autres facteurs, tels que le traditionnel soutien du *Foreign Office* et du Quai d'Orsay au monde arabe, le poids des intérêts pétroliers, économiques et commerciaux pesant en faveur d'un biais pro-arabe de l'Europe, auxquels s'ajoute la culpabilité européenne par rapport à la colonisation des États arabes du Maghreb et du Machrek. Ces intérêts sont au demeurant réels et leur existence n'est pas critiquable : pour le meilleur et pour le pire, le pétrole se trouve dans le Golfe et non dans le Néguev, et depuis le choc de 1973, les pétro-dollars alimentent l'industrie d'armement britannique, française – et américaine.

Dans ces conditions, les prises de position européennes tendent à être écartées par principe en Israël, ce qui est gênant lorsqu'il s'agit de peser dans un règlement de paix. Cela vise encore plus la France que le reste de l'Europe, en grande partie pour des raisons tenant au « renversement des alliances » français aux dépens d'Israël intervenu au milieu des années 1960 ; mais si le ton des échanges entre la France et Israël est particulièrement acerbe, le problème est général à l'échelle de l'Europe. Cette situation déséquilibrée serait peut-être soutenable d'un point de vue européen si elle se traduisait par une capacité singulière d'influence de l'Europe auprès des États arabes en général, et des Palestiniens en particulier. On aurait ainsi une division du travail où les Américains agiraient auprès des Israéliens, les Européens œuvreraient auprès des Arabes et des Palestiniens, le tout pour promouvoir la « Feuille de route ». Malheureusement, ce n'est pas ainsi que cela se passe, bien au contraire. Certes, la France jouit d'une certaine cote d'amour dans l'opinion arabe et recueille l'assentiment des populations comme des régimes en place. Cette popularité ne vaut pas influence politique et stratégique. En dernière analyse, parmi les acteurs extérieurs, seuls les États-Unis sont pris au sérieux. Ils peuvent être honnis et rejetés dans le monde arabe : mais ce rejet est précisément à la hauteur de l'influence qui lui est prêtée, s'agissant de l'attitude d'Israël. Le monde arabe surestime vraisemblablement la capacité de Washington à faire évoluer Israël, mais n'a pas tort de considérer que Washington peut, par persuasion ou pression, être entendu en Israël – ce qui n'est pas le cas des Européens.

Le seul avantage, mais il n'est pas négligeable, que les Européens tirent de leur politique envers le conflit israélo-palestinien est d'ordre négatif : l'Europe n'est pas confondue systématiquement avec les États-Unis dans le monde arabe, quels que soient les efforts d'Al Qaïda de faire apparaître les « Juifs et les Croisés » comme formant un tout. Il est certes important de préserver cette différence si l'on veut éviter le choc des civilisations : mais cela ne suffit pas à fonder une politique efficace vis-à-vis des relations israélo-palestiniennes. Les Européens ne peuvent pas répéter – à juste titre – que la résolution du conflit est une clé vitale pour la modernisation pacifique du Moyen-Orient, tout en se comportant de sorte qu'ils se trouvent sur le palier, sans clé...

Les changements ici ne peuvent pas être rapides : la confiance ne se construit pas en un jour ou un an, et peut-être pas en une décennie. Des discours politiques n'y suffiront pas, comme en témoignent au demeurant les propos remarquables du président de la République française face aux responsabilités de la France dans l'extermination des Juifs pendant la Seconde Guerre mondiale. Au fil des ans, c'est le bruit de fond des communiqués, des déclarations des diplomates et peut-être avant tout la tonalité du traitement médiatique du conflit israélo-palestinien qui seront essentiels. L'absence de compréhension pour le droit à la sécurité des Israéliens et d'Israël, le préjugé *a priori* négatif de tout ce qui prend son origine en Israël en termes de relations israélo-palestiniennes : voilà des biais qu'il serait important de voir disparaître de la perception du récit européen.

Combien d'Européens se douteraient-ils que la barrière séparant Israéliens et Palestiniens était une initiative subie plutôt que voulue par Sharon ? Combien savent dans quelles conditions le gouvernement israélien a été amené à prôner le retrait unilatéral de Gaza ? Le débat sur ces deux sujets, comme auparavant sur l'échec des négociations de Camp David et de Tabah, ou sur le lancement et le déroulement de la deuxième Intifada, n'est pas encourageant. Comparer le mur israélien dans la région de Jérusalem au mur de Berlin est télévisuellement facile et politiquement tentant, car collant parfaitement au schéma : « Nous les bons Européens avons surmonté la guerre et nos divisions, alors que vous êtes comme l'étaient les Européens prémodernes que nous avons cessé d'être ». D'une manière moins caricaturale, il est commode, et justifié en droit, de dénoncer l'illégalité d'une barrière qui, en termes de droit de la guerre, devrait se trouver du côté israélien de la Ligne verte. Mais sur les kilomètres d'encre consacrés à ce sujet, combien ont porté sur les fonctions sécuritaires avérées de la nouvelle barrière ou de l'ancienne ? L'ancienne, c'est celle qui court autour de Gaza et qui permet d'expliquer comment pratiquement aucun attentat en Israël n'a trouvé son origine dans la bande de Gaza depuis l'édification de la clôture. Ceci ne vaut pas approbation pure et simple de l'édification de la barrière : son tracé est parfaitement contestable. Simplement, un appel au respect de la complexité de la situation et une recommandation d'empathie non moins grande envers les Israéliens (et pas forcément envers tel ou tel responsable politique d'Israël) que vis-à-vis du peuple palestinien.

Israël n'est pas l'Union européenne. Israël est une nation construite parce que le projet national juif ne trouvait pas sa place en Europe. Les propositions de M. Berlusconi et de certains néoconservateurs américains de faire rentrer Israël dans l'Union sont aussi dénuées de sens que le serait l'idée de vouloir y faire rentrer les États-Unis, cet autre pays qui s'est pensé comme une non-Europe, comme une alternative au continent que l'on avait quitté du fait des persécutions ou des privations. On soutiendra ici que le début de la réconciliation entre Israël et l'Union européenne passe précisément par la reconnaissance de préférence mutuelle de cette différence. L'action d'Israël peut, et doit, être jugée à l'aune des valeurs démocratiques, comme celle de toute autre démocratie dès lors qu'elle est soumise à des stress spécifiques extrêmes. La part d'universel qu'ont ces valeurs ne se confond cependant pas à ce qu'ont de spécifique d'une part le projet européen, qualifié ici de post-national, et d'autre part, le projet sioniste, plus proche à certains égards des États-nations démocratiques américains ou asiatiques. De surcroît, le palmarès de nombreux États européens, dont la France et le Royaume-Uni, en matière de colonisation et de guerres (récentes) de décolonisation, doit les inciter à mettre leurs critiques en perspective.

Ce qui précède ne débouche pas sur une proposition de modification substantielle et rapide des propositions politiques et diplomatiques soutenues dans le « Quartet ». La « Feuille de route », complétée par les acquis des négociations de Tabah et enrichie par des initiatives non gouvernementales comme l'« accord de Genève » élaboré en 2003, reste le meilleur guide. L'Europe a raison de la soutenir. En revanche, l'unanimité de l'Union européenne ne se traduit pas, et ne se traduira pas rapidement, par son audibilité. Quitte à bâtir des politiques à 25 de l'Union européenne, il serait probablement plus profitable de s'attacher à définir une politique commune à l'égard de la modernisation du Moyen-Orient. Après tout, c'est là où se joue en définitive le devenir, ou de préférence, le non-devenir, de la « massification » du jihadisme d'Al Qaïda, du « choc des civilisations ».

Avant le « 9/11 », les États-Unis ont soutenu dans l'ensemble une politique du *statu quo* des régimes en place au Moyen-Orient dès lors que ceux-ci n'étaient pas perçus comme militant activement contre leurs intérêts stratégiques. Saddam Hussein (après 1990), Kadhafi (avant 2003), les ayatollahs iraniens étaient dans cette dernière catégorie. Les émirs les plus rétrogrades, les dictateurs les plus sanguinaires, les kleptocraties les plus immorales étaient tolérés. Tel était aussi le cas des Européens.

Certes, en 1995, les Européens ont lancé le « processus de Barcelone ». Rassemblant les partenaires de la rive sud de la Méditerranée (Maroc, Algérie, Tunisie, Égypte, Jordanie, Autorité palestinienne, Israël, Liban, Syrie, Turquie) aux côtés de l'Union européenne, cette initiative comprend un important volet économique avec le programme MEDA et un volet sur les droits de l'homme et les questions de gouvernance. Cependant, cette initiative souffre d'une triple limite. Les seuls participants au processus sont les gouvernements, à l'exception de toute représentation de la société civile : or, au Moyen-Orient, les gouvernements et la gouvernance font partie du problème autant que de la solution ! Ensuite, le programme MEDA, tout en étant significatif

– € 5,35 millards affectés à l'aide publique sur l'ensemble de la période 2000-2006 –, ne représente qu'une fraction de l'ensemble de l'assistance économique des membres de l'Union européenne dans la région. L'essentiel de l'aide MEDA comme de l'aide bilatérale des États n'est pas alloué aux secteurs considérés comme clés par le PNUD : éducation, droits des femmes, gouvernance. Surtout, les États européens ont soigneusement évité d'appliquer au monde arabe les mêmes règles que celles valant dans bien d'autres régions du monde en matière de droits de l'homme ou de démocratisation.

Traditionnellement, un Premier ministre britannique, un président français ou un Chancelier allemand ne se permettraient pas de considérer ces éléments comme fondateurs d'une amélioration (ou d'une dégradation) de la qualité de l'ensemble de la relation bilatérale avec les États du Moyen-Orient arabe, l'Iran étant traité différemment. Contrairement à ce qui a pu se passer ailleurs, jamais on ne s'est permis d'évoquer la nécessité de réformes – par exemple, la liberté d'établissement de représentations des ONG, le droit à l'exercice du culte, la tenue d'élections libres et honnêtes, le pluralisme politique, ou la liberté des correspondants de presse... – comme préalable à tel ou tel avantage conféré dans d'autres domaines. En Afrique, ce genre de couplage est monnaie courante ; même vis-à-vis de la puissante Chine, l'Union européenne a exigé, et obtenu, qu'il y ait des rencontres régulières pour évoquer l'évolution de la situation des droits de l'homme. Certes, cela demeure largement un simulacre, mais au plan symbolique, c'est déjà un progrès et un signal à l'ensemble du continent asiatique, dont on ne trouve guère l'équivalent dans nos relations bilatérales au Moyen-Orient.

Pourquoi cette situation perdure-t-elle ? Certes, un certain nombre de pays du Moyen-Orient possèdent une puissance pétrolière qui inverse les rapports de dépendance en défaveur de l'Europe et qui a rendu ces pays peu sensibles à des concessions comme l'entrée dans l'Organisation mondiale du commerce, qui a été un des grands leviers dans les discussions avec la Chine. Cependant, comme la plupart des pays de la région ne sont pas ou peu exportateurs de pétrole, il y a d'autres raisons, à commencer par celles, de nature stratégique, jouant dans le même sens que la politique américaine. Le legs colonial pour sa part rend les anciennes puissances impériales (Royaume-Uni, France, Italie) particulièrement prudentes par rapport à ce qui pourrait être présenté comme une manifestation d'arrogance néo-coloniale. Cependant, ces temps-là s'éloignent, et l'argument n'a pas par ailleurs empêché la France d'avoir une politique dynamique à hauts risques au Liban et par ricochet, en Syrie.

Il faut malheureusement envisager la possibilité que ces plus ou moins « bonnes causes » masquent une forme de mépris, voire de racisme habillé d'un discours de relativisme culturel : la démocratisation et les droits de l'homme, « ce n'est pas pour les Arabes, ils sont trop différents de nous, il leur faut des régimes poigne, sinon... ». Le chemin de l'enfer est, dit-on, pavé de bonnes intentions : la sagesse populaire pourrait ajouter qu'au début du XXIe siècle, il est aussi pavé de « respect des spécificités culturelles ».

Force est de reconnaître que dans la situation actuelle, le Moyen-Orient ne porterait pas systématiquement au pouvoir des régimes démocratiques libéraux si des élections étaient tenues *hic et nunc*. Certes, quelques pays, ainsi l'Iran, le Maroc ou la Tunisie, pourraient connaître des « révolutions de velours », soit du fait du rejet d'un gouvernement islamique impopulaire doublé de l'existence d'une société civile forte (Iran), soit du fait d'un haut niveau d'éducation, une forte croissance économique équilibrée sur toile de fond d'une classe moyenne nombreuse et modérée (Tunisie). C'est un pari auquel on se livrerait moins volontiers en Égypte, et pas du tout en Arabie Saoudite. Aujourd'hui, dans une bonne partie du monde arabe, l'alternative démocratique à la dictature est une autre dictature, éventuellement plus dangereuse que la précédente : c'est le dilemme des élections avec un aller simple auquel a été confrontée l'Algérie en 1992, après le triomphe au premier tour des élections du Front islamique du salut (FIS). Les barbus ou les colonels, en quelque sorte, voire les deux à la fois, comme ce fut le cas en Algérie avec la guerre civile et ses 100 000 morts et « disparus ».

Comment progresser dans la modernisation sans provoquer ce que l'on veut éviter ? Les Américains ont proposé le plan pour le Grand Moyen-Orient. Celui-ci a été enterré avec un minimum de fleurs et de couronnes. Au moins, les Américains ont essayé, avec de surcroît le mérite d'avoir cherché à introduire la société civile dans leur jeu et de s'être inspirés des recommandations du PNUD. Les Européens peuvent proposer plusieurs voies d'approches complémentaires. Tout d'abord, le processus de Barcelone pourrait être complété par un forum plus largement ouvert aux représentants de la société civile et autres organisations non gouvernementales que ne l'est l'actuel forum civil « Euromed ». Pour que ceci ne soit pas simple gadget, ce forum devrait pouvoir déléguer ses représentants à des réunions plénières associant les États et les représentants non étatiques, ainsi que certains acteurs du secteur public telles les grandes universités du monde arabe. Ensuite, les États nations d'Europe comme les institutions de l'Union européenne, auraient intérêt à mener un audit de l'état actuel de l'aide au développement vers les pays du processus de Barcelone, notamment en les comparant aux critères énoncés dans les rapports du PNUD sur le développement humain dans le monde arabe. Aujourd'hui, seule une faible part de cette assistance européenne est consacrée à ces fins. En fait, personne ne sait exactement quel est l'état des lieux à défaut d'un travail statistique systématique préalable. Naturellement, au débouché de cet audit devrait figurer un plan d'action visant à une plus grande cohérence de l'aide avec des secteurs considérés comme prioritaires, sachant qu'il y a en l'occurrence peu de contestation en ce qui concerne la validité des choix du PNUD. Rien n'empêcherait tel ou tel pays, dont le nôtre, de se constituer en avant-garde de cette opération.

Enfin, mais ici la recommandation est en creux, il ne faut pas adopter la démarche américaine considérant le Moyen-Orient comme un tout indifférencié, surtout lorsque l'on prétend l'étendre de « Marrakech au Bangladesh » ! Il existe de nombreux problèmes dans l'arc qui va du Maroc au sous-continent indien ; mais les différences sociétales et culturelles dans cette immense région appellent une grande diversité dans les politiques pratiquées sur le terrain. Outre la volonté de ne pas être soumis au seul bon vouloir de gouvernements autocratiques très modérément efficaces, c'est la raison pour laquelle les acteurs de terrain de la société civile doivent participer à l'opération.

Ces propositions, à la différence du *Greater Middle East* de l'administration Bush, ne sont pas d'apparence révolutionnaire : point ici de construction d'une grande cathédrale institutionnelle dans le désert. Cependant, la « simple » mise en cohérence des efforts d'assistance, jointe à une montée en régime d'un processus de Barcelone ouvert au-delà des États, seraient des changements majeurs. À terme, ils ont la possibilité de déboucher sur une modernisation raisonnablement pacifique de la région. Malheureusement, l'expression « à terme » tombe mal, la donne stratégique régionale est menacée à court terme d'un bouleversement immense par la prolifération des armes de destruction massive. La rencontre inévitable entre le terrorisme et la prolifération est en effet le propre de l'hyperterrorisme. Pour les États-Unis et l'Europe, cette menace doit être abordée de concert, alors même que la gestion calamiteuse du problème des « armes de destruction massive irakiennes » rend une approche commune des plus malaisées.

L'action internationale contre le terrorisme

Depuis le « 9/11 » américain, la nécessité d'un renforcement de la concertation internationale contre les organisations terroristes fait l'objet d'un consensus général dans les principes. En pratique, les choses sont nettement plus compliquées, qu'il s'agisse du partage du renseignement, de la coopération militaire, de la définition des groupes qu'il convient de surveiller et le cas échéant de mettre hors d'état de nuire, ou des méthodes à employer contre les auteurs supposés d'actes terroristes. L'on retrouvera ici le débat entre les valeurs et la sécurité tout comme la gestion du changement au Moyen-Orient. Le partage du renseignement n'est pas en soi un sujet de controverse : face au Mal absolu, qui pourrait prétendre empêcher une diffusion efficace d'informations permettant d'empêcher son renouvellement ? Les obstacles réels au partage restent malheureusement nombreux et inévitables. D'abord, les intérêts bureaucratiques ; avant le « 9/11 », la coopération entre le FBI et la CIA était tout sauf systématique ou harmonieuse, et ce alors que des dizaines d'Américains étaient déjà tombés sous les coups d'Al Qaïda. Il n'est pas évident que la coopération soit parvenue à un état satisfaisant.

Dans le cas de la France, il a fallu de longues années et des expériences malheureuses pour que le partage du renseignement antiterroriste entre raisonnablement dans les habitudes. De plus, la logique bureaucratique est ici un facteur explicatif plus puissant et convaincant que les obstacles réels limitant la coopération entre services au nom de la défense des libertés publiques, même si dans le cas américain, ces barrières étaient avant le « 9/11 » plus élevées que dans la plupart des États européens. Ensuite, les obstacles liés à la souveraineté nationale. S'il est difficile de partager entre le FBI et la CIA, on peut imaginer sans mal combien moins naturelle sera la coopération avec des services étrangers. En règle générale, le renseignement est quelque chose qui s'échange et non un bien commun qui se partage. Enfin, et c'est peut-être le plus important dans le contexte post-« 9/11 » qui a quand même desserré les freins bureaucratiques et de souveraineté, il y a la nature même du renseignement privilégié, sa sensibilité extrême. La façon plus ou moins orthodoxe de le collecter et notamment les risques courus par ceux qui en sont à l'origine interdisent une diffusion aisée. La mise en commun du renseignement suppose l'existence d'un niveau de confiance exceptionnellement élevé entre les parties concernées.

Le cadre dans lequel s'établit cette confiance est largement interpersonnel et essentiellement bilatéral : la vieille scie selon laquelle un secret est quelque chose que l'on ne livre qu'à une personne à la fois correspond à une réalité. Ce ne sont pas seulement des susceptibilités bureaucratiques qui ont rendu long l'établissement d'une culture du partage dans des organismes comme l'UCLAT français ou à un niveau de responsabilité politique interministérielle, comme le *Joint Intelligence Committee* (JIC) britannique. Aujourd'hui, et sans doute pour longtemps, la coopération transatlantique en matière de renseignement passera largement par le réseau des relations bilatérales entre tel ou tel service américain, et son homologue dans tel ou tel pays européen. Ceci ne doit pas empêcher la constitution au moins dans le cadre de l'Union européenne, d'instances de partage et de suivi du renseignement : EUROPOL en tant qu'organisation policière, EUROJUST dans le domaine judiciaire, M. Gijs de Vries en tant que coordinateur antiterroriste de l'Union européenne, sont les acteurs actuels d'une telle évolution. À terme, c'est un véritable JIC de l'Union qui pourrait être mis en place, présupposant que de tels organismes interministériels existent dans les différents pays de l'Union. Ceci n'est pas encore le cas en France ou en Allemagne, bien que le Conseil de sécurité intérieure français et le *Sicherheitsrat* allemand puissent en théorie évoluer vers ce type d'organisation et de fonctionnement. Enfin, la coordination ne fonctionnera que s'il y a un respect mutuel entre les parties prenantes. Ceci serait assez largement le cas pour ce qui concerne la coordination du renseignement militaire : ainsi, la coopération internationale portant sur les activités d'Al Qaïda en Afrique orientale et sahélienne. Il n'est pas évident qu'il en aille toujours de même de la part des services américains « civils », qui se voient parfois comme un grand frère – du haut d'un budget annuel de plus de $ 30 milliards, la tentation est inévitablement forte – à l'égard des « petits » Européens : ceci peut conduire à une relation voisine de celle qui existe entre un inspecteur de police (un « officier traitant » dans le jargon du renseignement) et une « balance » (« une source »). Ce genre d'attitude, qui est loin d'être universel, ne saurait aller très loin, compte tenu du sentiment qu'ont beaucoup de services européens d'en savoir autant, voire plus que les Américains : la qualité du travail de renseignement n'est pas simplement une fonction directe des moyens budgétaires.

D'une façon générale, les Européens ne doivent pas se contenter de déplorer un éventuel « impérialisme américain du renseignement ». Ici, comme dans les affaires du Moyen-Orient, ils doivent être proactifs. Pourquoi attendre que ce soient les Américains qui fassent des propositions ou plus exactement qui essayent d'imposer leur volonté ? Le cas des données personnelles à fournir sur les passagers des lignes aériennes transatlantiques est classique à cet égard : face aux demandes américaines, l'Union européenne a négocié, plus ou moins bien. N'aurait-il pas été concevable que les Européens proposent sans attendre les Américains des modalités, le cas échéant universelles [4] en matière de données sur les passagers aériens ? Certes, l'idée leur en est venue, mais seulement en aval et sur un mode réactif.

La coopération militaire est, elle, moins sujette aux problèmes qui viennent d'être énoncés, comme le montre assez bien l'action internationale dans le cadre de l'*Operation Enduring Freedom* en Afghanistan. Des facteurs tels que le degré d'interopérabilité des forces en présence et bien sûr leurs choix budgétaires et organisationnels sont essentiels ici : les Britanniques et les Français, avec leur politique de professionnalisation des forces sur la base de financements relativement élevés (notamment en ce qui concerne les dépenses d'équipements), sont plus aptes à travailler dans la durée sur des théâtres d'opération exigeants que des pays de poids économique similaire (Italie, Allemagne) n'ayant pas fait les mêmes choix militaires. S'y ajoutent malheureusement les limites résultant des choix politiques et stratégiques jouant contre le but recherché. Avec 140 000 soldats en moyenne en Irak depuis mai 2003, les forces terrestres américaines, soit 660 000 soldats de métier de l'*US Army* et du *US Marine Corps*, ont perdu pratiquement toute capacité d'intervention majeure dans d'autres régions. Pour entretenir un soldat sur le théâtre d'opération, il faut en compter au moins le double en amont (se préparant à la relève) et en aval (se remettant de son engagement) ; aussi ce sont plus des trois quarts des forces américaines qui sont ainsi paralysées. Avec la poursuite d'autres missions, notamment en Corée du Sud et au Kosovo, on comprendra que les États-Unis aient le plus grand mal à maintenir en action 15 000 soldats en opérations en Afghanistan contre les Taliban et Al Qaïda.

Le tableau s'assombrit encore plus car l'Irak est lui-même devenu « producteur » de terrorisme et source de recrutement, d'armement, de motivation et d'apprentissage pour les groupes jihadistes… L'invasion de l'Irak a été une catastrophe pour de multiples raisons, la perte de mobilité stratégique américaine est une des plus importantes.

Du côté européen, la situation ne se présente guère mieux. Près de 20 000 soldats européens sont eux-mêmes bloqués en Irak, dont 10 000 Britanniques. Une fois que l'on intègre les missions en Afghanistan dans les Balkans (Bosnie, Kosovo) et en Afrique (Côte-d'Ivoire notamment), ce sont plus de 60 000 soldats européens qui sont en opérations extérieures. En comptant là aussi le triple de cet effectif dans la durée, près de 200 000 soldats des forces terrestres de l'Union européenne sont ainsi employés, soit l'essentiel des forces européennes réellement déployables : il reste peu de marge pour le cas où il faudrait conduire une opération militaire nouvelle du type « renversement des Talibans ». Certes, les Européens, en professionnalisant leurs forces, ce qui n'est pas encore fait dans des pays aussi importants que l'Allemagne et la Pologne, pourraient accroître le nombre de leurs forces déployables. Ce sera long et l'accroissement ne sera pas gigantesque.

La définition des groupes terroristes contre lesquels il conviendrait de lutter et la manière de s'y prendre sont et continueront d'être des sujets de dialogue et parfois de désaccord entre Américains et Européens. Lorsque les États-Unis produisent à intervalles plus ou moins réguliers des listes d'organisations considérées comme terroristes, leur choix reflète dans une certaine mesure des biais idéologiques ou politiques qui leur appartiennent ;

et il en va de même pour l'Union européenne, d'autant que la marge est parfois peu claire entre le terroriste « pur sucre » et l'opposant légitime. Après le « 9/11 », certains ont pu être surpris de voir figurer sur de telles listes des groupes d'opposants au colonel Kadhafi, alors que le régime de ce dernier était lui-même inscrit sur la liste américaine des États soutenant le terrorisme, démentant ainsi l'adage que « l'ennemi de mon ennemi est mon ami ». C'est seulement en 2003 que la confirmation de virage pro-occidental de Tripoli fit apparaître clairement les raisons de cette stigmatisation des adversaires de Kadhafi. La manière de qualifier le Hezbollah libanais illustre également ce problème : s'agit-il toujours d'un groupe terroriste avec un bilan, entre autres, de 299 soldats américains et français tués à Beyrouth le 23 octobre 1983 ? Est-ce un mouvement de résistance armé, forgé pendant les années de lutte contre l'occupation israélienne du Sud Liban ? Est-ce un simple parti politique représenté au Parlement libanais ?

Face à ce genre de difficultés, une bonne discussion euro-américaine s'impose, avec l'espoir qu'elle se déroule dans une relative transparence et sans trop de heurts. Ajuster entre les États-Unis et leurs partenaires de l'Alliance atlantique la façon de coopérer avec les autocraties du Moyen-Orient et d'Asie centrale en matière de lutte antiterroriste apparaît bien plus complexe. Les Américains s'arrogent le droit de promouvoir l'ordre du jour wilsonien des néoconservateurs en matière de démocratisation, voire de renversement des régimes, tout en fermant les yeux lorsque ces derniers se livrent à la torture, dès lors que celle-ci est maniée à l'encontre de terroristes supposés. Tel fut le cas d'un Canadien d'origine arabe, Maher Arar, livré en 2002 par

Washington à la Syrie, où il fut torturé pendant dix mois (il eut la chance d'en revenir vivant), alors même que les États-Unis exerçaient des pressions sur Damas pour qu'y soient introduites à la fois plus de démocratie et une politique de lutte plus active contre le Hezbollah...

Citons aussi, parmi d'autres, l'Ouzbékistan. Washington a longtemps soutenu l'autocrate ouzbek, Islam Karimov, qui a pour coutume de qualifier tout dissident de terroriste islamique. Dans une telle situation, il reste peu de chances que les opposants locaux adhèrent aux valeurs démocratiques ou à la politique des États-Unis. Le terrorisme islamique risque de ce fait même de devenir un vrai problème en Ouzbékistan.

Autant on peut critiquer la faiblesse du discours européen sur la modernisation du Moyen-Orient, autant cette schizophrénie américaine est difficilement supportable. Elle nourrit les pires soupçons au Moyen-Orient, infiniment sensible à tout « double standard », alors que la politique américaine actuelle le systématise.

Si rien n'est facile entre les exigences du court terme et les intérêts du long terme, le goût des Européens pour une certaine cohérence en matière de politique étrangère doit les inspirer dans cet aspect du dialogue avec leurs partenaires moyen-orientaux – et américains.

Lutte contre la prolifération : les risques d'une réaction en chaîne

La lutte contre la prolifération est au cœur de notre sécurité future. Un Moyen-Orient instable dans lequel les armes de destruction massive auraient été largement disséminées, avec un risque de transfert à des groupes jihadistes, serait une calamité pour tous les habitants de la région comme pour les Européens. Le niveau élevé de risque s'accroît rapidement malgré quelques succès. Certes, des armes nucléaires existent dans la région depuis plus de trente ans, avec le franchissement du seuil par Israël dès la fin des années 1960. Israël a, en la matière, un statut similaire à celui de l'Inde et du Pakistan, qui ont eux aussi acquis l'arme nucléaire en tant que pays non signataires du Traité de non-prolifération, donc sans violation de leurs engagements en droit international. Autrement dit, la possession de l'arme par ces trois pays ne met pas en cause la crédibilité du Traité de non-prolifération (TNP) auquel ont adhéré tous les autres États. La durée de cette situation tend par ailleurs à montrer que le fait nucléaire israélien n'a pas en lui-même déstabilisé la région au plan stratégique : elle l'était déjà et continue de l'être pour d'autres raisons. Israël n'est pas par ailleurs une source plausible d'armes de destruction massive pour des acteurs comme Al Qaïda.

Après Israël, ce fut l'Irak qui essaya d'accéder à l'atome, comme au chimique et au biologique, mais en violant ses engagements au titre du TNP, librement contractés ; l'attaque israélienne contre Osirak en 1981 retarda le programme nucléaire irakien avant que la guerre du Golfe et l'action efficace des inspecteurs de l'ONU n'y mirent fin.

Désormais, le défi de la prolifération est lié à la combinaison des ambitions, des efforts et intérêts du Pakistan (puissance nucléaire déclarée), de l'Iran et de la Corée du Nord. Malgré les grandes différences de situation géographique, politique et économique de ces trois pays, un réseau de coopération étroit s'est tissé au fil des ans entre eux, dans le domaine des armes nucléaires et des missiles balistiques[5]. La Corée du Nord développe des missiles balistiques dont la technologie a été transférée en Iran et au Pakistan. Le Pakistan a livré à la Corée du Nord et à l'Iran la technologie de production d'uranium enrichi par centrifugation. L'étendue de ce type de coopération a été mise en relief, à la surprise générale, à l'occasion du virage pro-occidental de la Libye. Lorsque les inspecteurs internationaux ont visité ce pays à partir de décembre 2003, ils y ont découvert, entre autres choses, les plans d'une arme nucléaire chinoise, transférés via le Pakistan, et des éléments de centrifugeuses fabriqués en Malaisie à partir de spécifications pakistanaises, le tout pour la somme assez modique de $ 500 millions, les revenus pétroliers annuels de la Libye étant d'environ $ 20 milliards en 2003.

Pour le gouvernement britannique, qui a été au centre du « nouveau cours » libyen, et surtout pour l'administration Bush, cette renonciation de Tripoli aux armes de destruction massive (ADM) parmi lesquelles se trouvaient des armes chimiques, était la preuve que la guerre d'Irak contribuait à la non-prolifération nucléaire. Pour eux, c'est la crainte d'une sévère correction occidentale qui aurait amené Kadhafi, en mars 2003, au début donc de la guerre d'Irak, à engager le processus de rapprochement avec Londres. Cette thèse pose deux problèmes. Le premier, c'est que la Libye avait amorcé dès 1999 son virage pro-occidental à travers le début du règlement de l'attentat de Lockerbie qui avait fait 270 morts en 1988 et qui avait été en partie du moins l'œuvre des services libyens.

Deuxièmement, Kadhafi pouvait, et peut encore, nourrir les craintes d'une punition pour de toutes autres raisons, à savoir la découverte d'un complot visant à assassiner le prince-héritier Abdallah d'Arabie. Il convient donc de réserver son jugement.

En termes stratégiques, l'invasion de l'Irak a eu pour conséquence, dès sa conception, au lendemain du 11 septembre 2001, de faire passer au second plan l'action contre les trois pays clairement « proliférateurs » que sont l'Iran, le Pakistan et la Corée du Nord, qui s'est retirée en avril 2004 du TNP. Si seulement le dixième de l'énergie et des moyens dépensés en Irak avait été focalisé sur les ambitions nucléaires avérées de ces trois États, la situation internationale en aurait été profondément changée. En particulier, pour gérer l'affaire nord-coréenne, les États-Unis auraient été amenés à mobiliser au plus tôt tous leurs efforts pour coopter la Chine. Pour contrer l'Iran, une politique active avec la Russie et l'Union européenne aurait été mise en œuvre sans délai. Dans les deux cas, de telles initiatives ont été engagées après la guerre d'Irak, très tard, peut-être trop tard, et surtout avec des États-Unis paralysés militairement par l'aventure irakienne. Les États-Unis ont perdu dans le jeu des discussions et des pressions l'atout majeur que représente la possibilité du recours à leur immense force militaire. L'Iran a profité de l'impasse américaine en Irak pour pousser ses programmes nucléaires et balistiques. Si l'Iran a suspendu l'enrichissement de l'uranium dans le cadre de l'accord d'octobre 2003, conclu avec l'Allemagne, la France et le Royaume-Uni c'est sur une base volontaire, donc révocable et précaire. Il en va de même de la Corée du Nord.

Les États du Moyen-Orient et d'Asie orientale ne manqueront pas de tirer leurs propres conclusions d'une incapacité occidentale à bloquer les entreprises nucléaires nord-coréennes, et surtout iraniennes. Si l'Iran parvient à « passer entre les gouttes », d'autres signataires du TNP suivront son exemple d'autant plus qu'ils possèdent les moyens financiers ou humains correspondants : l'Arabie Saoudite qui a signé le TNP mais n'a pas conclu d'accord d'application avec l'Agence internationale pour l'énergie atomique, l'Égypte, la Syrie, l'Algérie ou encore la Corée du Sud, Taiwan et le Japon... Si l'on ajoute à cette perspective, les facilités croissantes en matière d'acquisition des armes biologiques, la situation devient critique. C'est une des questions les plus importantes que l'Europe et les États-Unis ont à évoquer ensemble et au fond après les élections de novembre 2004.

Dans la lutte contre la prolifération, l'acquis de l'administration Bush est largement négatif : suppression de la vérification bilatérale de l'élimination des armes stratégiques dans le cadre des traités nucléaires américano-russes, abandon du traité de Moscou limitant les défenses antimissiles américain et russe, reprise des travaux américains sur les armes nucléaires dites de petite puissance conçues pour l'emploi sur le champ de bataille, et l'immense erreur stratégique consistant à attaquer l'Irak au lieu de peser prioritairement sur le triangle Corée du Nord - Iran - Pakistan.

Cependant, les années 2001-2004 ont aussi vu trois réussites en matière de lutte contre la prolifération. Premièrement, c'est le règlement du cas libyen. Si Londres était moteur plutôt que Washington, les États-Unis étaient dans le coup ; et surtout, du point de vue libyen, le but ultime est bien la levée des sanctions américaines, et pas seulement celles de l'ONU. Deuxièmement, c'est le lancement en mai 2003 de la *Proliferation Security Initiative* (PSI) à l'initiative des États-Unis. Celle-ci vise à entraver ou bloquer les transferts de matières et techniques proliférantes, dans le respect du droit international, actuel ou modifié par l'ONU. Quinze pays, l'Australie, l'Allemagne, le Canada, la Corée du Sud, l'Espagne, les États-Unis, la France, l'Italie, le Japon, la Norvège, les Pays-Bas, le Portugal, la Russie, le Royaume-Uni et Singapour appartiennent à cette coalition. Des manœuvres navales communes ont été tenues dans le Pacifique et en Méditerranée. On se réjouira de cette manifestation de multilatéralisme américain, certes placée hors du cadre de l'ONU mais compatible avec l'action du Conseil de sécurité. La troisième relève du registre « en creux », c'est le fait que les États-Unis et l'Union européenne soient parvenus tant bien que mal à travailler sans se gêner mutuellement, sur le cas iranien. Cependant, ce « non-antagonisme » pour positif qu'il soit demeure fragile ; il n'est pas pour le moment une garantie de succès.

Dans les mois qui suivront l'élection américaine, plusieurs initiatives de lutte contre la prolifération pourraient être envisagées en partenariat. La première concerne l'Iran. Il pourrait devenir nécessaire, au vu des efforts nucléaires iraniens en contravention du TNP de brandir clairement la menace d'une saisie du Conseil de sécurité. Une fois ce pas franchi, et même en l'absence d'une résolution spécifique, les pays les plus concernés devront, comme cela avait été le cas dans l'affaire du Kosovo, montrer qu'ils sont le cas échéant prêts à envisager des mesures militaires. Pouvant couvrir une gamme très large : un blocus n'est pas une invasion. La menace serait extrême et dramatique de par ses effets : l'Iran est un grand pays dont la population par ailleurs pro-occidentale réagirait avec fierté et patriotisme contre la coercition. Aussi, avant de saisir le Conseil de sécurité, faudra-t-il avoir tenté, de façon ambitieuse et constructive, une négociation économico-politico-stratégique avec le gouvernement iranien : des accords commerciaux, l'assurance d'investissements, la coopération politique y compris en Irak sont des thèmes qui intéressent l'Iran au premier chef. Encore faut-il que les États-Unis soient prêts à jouer ce jeu des incitations. Pour le moment, tel n'est pas le cas. Les États-Unis ont pourtant des atouts importants avec la possibilité de rétablissement de relations diplomatiques, la levée du *Iran-Libya Sanctions Act*, et la reconnaissance d'un rôle politique en Irak.

Le coût de l'alternative qu'est la nucléarisation en chaîne du Moyen-Orient est inacceptablement élevé. Précisément parce que la France n'a pas participé à la guerre d'Irak, notre pays est mieux placé politiquement et stratégiquement que d'autres, comme le Royaume-Uni, pour contrer cette menace aux côtés des Américains, avec une chance d'être entendu à Téhéran sans qu'il y ait besoin de mettre d'éventuels projets militaires à exécution.

Ensuite, il est impérieux de bâtir un régime international non discriminatoire et universel de non-prolifération nucléaire. Le seul toilettage du TNP à l'occasion des conférences d'examen de ce traité qui se déroulent tous les cinq ans n'y suffira pas. En effet, le TNP est discriminatoire et pas tout à fait universel. Les États non nucléaires dénoncent non sans quelques bonnes raisons de droit, le respect très inégal du traité par les cinq puissances nucléaires « officielles » : pour cette raison, la réunion d'examen du TNP à la mi-2005 sera marquée par de très vives dissensions. Bien que prévu comme un objectif du TNP, le désarmement nucléaire général pur et simple n'est pas une option réaliste du point de vue des États nucléaires : que ceux-ci soient signataires (États-Unis, Russie, Royaume-Uni, France, Chine) ou non du TNP (Israël, Inde, Pakistan, Corée du Nord). Reste l'ouverture d'une négociation sur l'arrêt vérifié de la production de matières fissiles et le contrôle international des installations de production et des stocks existants. Décrire l'objet de la négociation est relativement plus simple que de la conduire. En admettant qu'un consensus s'établisse, vraisemblablement à la Conférence du désarmement (CD) à Genève, sur les termes de référence de ce que les spécialistes appellent la négociation sur le *cut-off*, il faudrait des années de discussion. Le jeu en vaudrait la chandelle, car une telle négociation permettrait d'embrasser tous les États, qu'ils possèdent ou non l'arme nucléaire dont les trois pays non signataires du TNP. Bien que l'administration Bush ait enfin accepté en juillet 2004 la relance du *cut-off*, elle refuse toute mesure contraignante de vérification d'un éventuel traité. L'absence de telles mesures viderait de sens un éventuel accord : les matières fissiles sont à la fois extrêmement dangereuses et nécessitent des installations industrielles caractéristiques qui peuvent et qui doivent être contrôlées. C'est à partir d'elles (plutonium, uranium enrichi) que sont fabriquées les armes nucléaires.

Enfin, et sur un registre similaire, mais avec des difficultés encore plus grandes, il conviendrait de relancer la négociation à la Conférence du désarmement sur la vérification du traité de 1972 interdisant la production et la possession d'armes biologiques. Cette discussion avait été suspendue à l'initiative de l'administration Bush trois mois après le « 9/11 », constituant donc un symbole fort du rejet du multilatéralisme. La négociation de ce « protocole additionnel » supposerait vraisemblablement un texte assez différent de celui qui existe en matière d'interdiction des armes chimiques ou de limitation des armements stratégiques russo-américains. L'évolution des techniques permettant de procéder à des manipulations génétiques à des fins militaires dans des installations difficilement détectables rendrait illusoires des dispositions d'inspection systématiques ou périodiques dans des installations industrielles ou des grands laboratoires. L'essentiel risque de se passer ailleurs. En revanche, des règles de conduite internationales auxquelles seraient associés États, industries, centres de recherche scientifique, pourraient être élaborées, avec l'espoir que ceux qui chercheraient à s'en dégager seraient détectés par leurs pairs, devenus d'autant plus attentifs qu'ils seraient les victimes d'une telle concurrence déloyale.

Ces pistes n'épuisent pas, loin de là, l'immense et urgent chantier de la lutte contre la prolifération. En particulier, il faudrait que les Européens respectent leurs engagements en matière de désarmement nucléaire de l'ex-URSS. Au cours des douze dernières années, sur les quelque $ 10 milliards consacrés par la Communauté internationale en la matière, plus de 90 % sont d'origine américaine. Les Européens et le Japon se sont engagés en 2002 à verser à l'instar des États-Unis $ 10 milliards en dix ans à cette fin : entre le dire et le faire, il existe une marge substantielle. En attendant, les États-Unis ont réduit leur propre effort de près de moitié (à $ 450 millions en 2004)...

La non-prolifération est un des domaines où existent des intérêts vitaux entre les Européens et les Américains. Ils devraient donc avoir une assez grande facilité à converger, à la fois parce que les circonstances les y obligent, mais aussi parce que certaines des fondations d'une coopération renouvelée existent déjà.

CONCLUSION

Il n'y a pas d'équivalence morale ou politique entre les porteurs de mort du terrorisme islamique et la grande démocratie américaine. Quelles que puissent être les différences d'intérêt et parfois de valeur entre les États-Unis et l'Europe, quel que puisse être l'inconfort des Européens à l'encontre d'une Amérique dont la puissance nous irrite et dont nous payons les maladresses et les fautes, nous appartenons bien à une même civilisation face aux apologues du terrorisme de destruction de masse, sans que cela ne doive faire de nous les « Croisés » de la démonologie d'Al Qaïda. Néanmoins, en termes de dynamique de situation, la montée d'Al Qaïda et la poussée néoconservatrice américaine conjuguent malheureusement leurs effets[1]. En termes de relations entre démocraties occidentales et monde musulman, et tout spécialement le monde arabe si profondément humilié, le croisement de ces trajectoires constitue un pur désastre. Face à ces deux forces dont la maîtrise n'appartient pas à l'Europe, et donc échappe à l'un quelconque des pays du vieux continent, il convient de s'organiser au mieux. Quelques approches ont été esquissées à cet égard.

Cependant, la France se trouve placée en Europe dans une situation singulière, par rapport au défi qui se présente. Cette situation particulière tient à la présence sur notre territoire de la plus importante communauté d'origine musulmane d'Europe, et au caractère exceptionnellement difficile des relations que notre pays entretient avec les États-Unis d'Amérique. Ces données sont souvent présentées comme faisant partie du problème, plutôt que de la solution. Ainsi, l'intégration de nos concitoyens réputés de confession musulmane ou d'origine arabe est, à juste titre, considérée comme un des grands défis que la société française doit relever : de l'ordre de 5 millions de Français et d'étrangers d'origine arabe[2] vivent en France. Plus nombreux que les musulmans d'Albanie, de Bosnie ou du Kosovo, ils placent la France au premier rang des pays d'Europe en ce qui concerne le nombre de personnes considérées comme étant de religion ou de culture musulmane.

De même, le mauvais état chronique des relations franco-américaines est généralement traité comme un problème à résoudre ou à gérer plutôt que comme un levier dont on puisse se servir positivement. Le moins que l'on puisse écrire, c'est que ces rapports sont en effet exécrables.

Le propos n'est donc pas de nier ces difficultés. Cependant, elles ne doivent pas être seulement traitées comme telles. Face à la conjonction de la menace de l'hyperterrorisme et du risque d'un choc des civilisations sur toile de fond d'un occident brisé, s'en tenir au seul registre défensif et réactif n'est pas satisfaisant. Le problème bien réel de l'intégration des populations d'origine musulmane et maghrébine ne doit pas être approché dans la seule optique de la limitation des dégâts (« comment empêcher que la lutte contre l'hyper-terrorisme tourne à la chasse au faciès ? ») ou pis encore, sur le mode du contrôle social (« comment débusquer les jihadistes au sein d'un supposé vivier arabo-musulman ? »). Les frictions franco-américaines ne doivent pas se situer uniquement sur le mode de la réduction des dégâts collatéraux. Notre ambition devrait être plus haute, en partant d'interrogations positives plutôt que purement défensives. Comment faire de l'existence d'une vaste communauté de Français d'origine nord-africaine un atout tant dans la lutte contre les forces du néofascisme d'Al Qaïda et dans le rapprochement entre l'Europe et le monde arabe ? Comment partir de l'histoire troublée des relations franco-américaines pour tenter de bâtir un nouveau partenariat transatlantique ? Formuler de telles questions, ce n'est certes pas y répondre ; mais si on ne les formule pas, on ne risque pas d'obtenir de réponse à la hauteur des circonstances.

L'atout franco-maghrébin

Point n'est besoin de rappeler longuement les grandes difficultés que rencontre notre pays face à l'intégration (le mot est employé ici de la façon la plus neutre sans préjuger de son contenu) de ses habitants d'origine maghrébine. Ces difficultés se sont aggravées au cours des années récentes. Pendant les années 1980 s'était produite une convergence des efforts dans la lutte contre le racisme d'exclusion, sous la bannière de « Touche pas à mon pote ». La Coupe du monde de 1998 avait, quant à elle, été emblématique de l'aspiration à une France tricolore « Blanc/Black/Beur ». Aujourd'hui, nous avons en France une réédition de ce qui s'était passé aux États-Unis il y a une trentaine d'années, lors de la rupture entre militantisme du *Black Power* et lutte antidiscriminatoire de la communauté juive, alors que pendant de longues années les organisations noires et juives américaines avaient œuvré de concert pour les droits civiques.

En France, la dégradation des relations judéo-musulmanes, sur toile de fond d'instrumentalisation du conflit israélo-palestinien, est similaire, notamment depuis le début de l'Intifada-Al Aqsa en octobre 2000.

Des limites consternantes continuent à peser sur l'ascension sociale des « beurs », notamment dans le vaste secteur public et étatique français. Du temps de la colonisation, la France comptait quelques préfets, académiciens, parlementaires, ministres originaires d'« outre-mer » et cela à travers son système méritocratique et non à la faveur d'une discrimination positive à l'américaine. Où sont les Senghor, les Houphouet, les Monnerville aujourd'hui ? Aujourd'hui, combien y a-t-il de parlementaires, de préfets de région, d'ambassadeurs, de directeurs d'administration centrale, de généraux... d'origine non européenne ? En France, l'État n'a guère ménagé d'ouverture à ses quelque 8 ou 10 % d'habitants d'origine maghrébine – une proportion comparable à celles des Afro-Américains dans la population des États-Unis.

À bien des égards, avec l'arrêt de l'immigration économique en provenance d'Afrique du Nord à partir de 1975, la France est entrée dans un schéma similaire à celui prévalant pour les populations d'origine africaine aux États-Unis. Avec le passage du temps, le problème est devenu essentiellement intérieur. Comme les États-Unis à l'époque de la lutte contre les droits civiques, la France doit s'interroger sur le sort de Français qui, pour être de proche ou lointaine origine maghrébine, sont tout aussi Français que ceux « de souche ». Ce ne sont pas des citoyens algériens qui ont sifflé la *Marseillaise* au match France-Algérie du 6 octobre 2001, mais des Français. Les expériences d'autres pays se trouvant dans une situation comparable varient beaucoup. Aux États-Unis, on trouve la primauté donnée à la discrimination positive (*affirmative action*). Les Britanniques et les Belges avec une politique de ségrégation spatiale limitent les heurts intracommunautaires mais engendrent des ghettos comme le « Londonistan » qui a été le foyer de tous les extrémismes. Cas extrême, le Canada applique partiellement la Chari'a pour régler les litiges entre musulmans dans certaines régions. À l'opposé, un laïcisme d'État sans concession a cours à Singapour et en Turquie, allant au-delà du « modèle républicain » français.

Les modalités de l'intégration peuvent prendre des formes extraordinairement diverses sans qu'existe de solution idéale prédéterminée. Sans rentrer ici dans le fond du débat, on notera avec plaisir que la discussion est au moins sérieusement engagée dans notre pays. Quel que soit le point de vue que l'on adopte sur le port du voile à l'école ou sur la discrimination positive, ces questions sont désormais au cœur du champ politique. C'est un premier pas essentiel. Cependant, l'équivalent du plan concerté et de la priorité absolue conférée en politique intérieure à la question de l'intégration aux

États-Unis pendant les années 1960 manque encore à la France.

À l'époque, un vaste arsenal de mesures législatives, notamment les *Civil Rights Act* de 1964 et 1968 formant un tout cohérent, joint à des moyens budgétaires (la *Great Society* du président Johnson) ont permis aux États-Unis de changer profondément la donne, en passant de l'apartheid de fait et parfois de droit à une situation largement apaisée. Ajoutons que la guerre du Viêtnam avait limité ces efforts au plan budgétaire. En France, la situation est en l'occurrence moins difficile qu'elle ne l'était dans les États-Unis sortant de l'ère ségrégationniste. Fort heureusement, aucun obstacle juridique comparable à ceux de la ségrégation de droit prévalant alors dans le sud des États-Unis n'est à surmonter en France. L'auteur se souvient encore des restaurants interdits aux *negroes* et des transports publics racialement séparés dans la Virginie de son enfance. De même, la France n'a pas connu l'équivalent des énormes émeutes raciales américaines de Watts (35 morts), Detroit (plus de 40 morts) et Newark (26 morts) des années 1960 ou de la flambée de violence qui suivit l'assassinat en 1968 du pasteur Martin Luther King (19 morts). Le legs historique de l'esclavage américain est par ailleurs objectivement plus sévère que celui résultant de l'émigration économique des travailleurs maghrébins pendant les trente glorieuses, même si elle avait pour toile de fond l'héritage colonial et les guerres de décolonisation.

Aussi, soutiendra-t-on ici que la France se doit non seulement de poursuivre les débats déjà engagés, mais surtout les élargir. La loi sur le port ostentatoire des symboles religieux n'avait évidemment pas pour origine la volonté d'interdiction du port des croix chrétiennes. Son existence s'explique par une réaction, au demeurant justifiée, aux entreprises d'un islam fondamentaliste tout aussi détestable que ne l'avaient été il y a un siècle les prétentions de l'Église catholique par rapport à l'éducation publique : on oublie d'ailleurs parfois combien violents avaient été les débats de l'époque. Autrement dit, la loi contre le port du voile islamique, puisqu'il s'agit de cela, est l'expression particulière, limitée, d'un problème beaucoup plus large, qui méritait mieux qu'une discussion confinée à la tenue des enfants à l'école. Ensuite, l'initiative politique ne doit plus privilégier des réactions ponctuelles par rapport à des événements ponctuels (voire à des non-événements, telle la non-agression antisémite dans le RER le 9 juillet 2004). Si de telles réactions ont leur raison d'être, elles ne peuvent tenir lieu de politique et risquent d'empêcher toute vision large des problématiques à gérer, entravant l'élaboration d'une politique d'ensemble. Enfin, et surtout, la question de l'intégration devrait faire l'objet d'un chantier législatif, budgétaire et politique d'ensemble, sous l'égide directe des plus hautes autorités de l'État. L'ensemble dispersé et disparate de comités et conseils gouvernementaux traitant de l'intégration, des droits de l'homme, du racisme, de la xénophobie et de l'antisémitisme ou de la discrimination, doit faire l'objet d'une centralisation des efforts, sous l'impulsion directe de l'Élysée.

Parallèlement, une mission d'information lourde, de caractère durable, devrait être mise en place à l'Assemblée nationale avec pour vocation la préparation, en liaison avec la société civile, des moyens juridiques porteurs d'égalité positive permettant à nos concitoyens d'origine maghrébine de sortir du cercle vicieux reliant la discrimination négative de la société française aux réactions de rejet de celle-ci par les « beurs ». L'une des conditions préalables à toute politique en la matière serait de rendre publiques les statistiques permettant de mesurer la population française en termes d'origine. Si les recensements de la population interdisent toute identification ethnique des personnes, ils permettent de connaître l'origine des populations par lieu de naissance des recensés ou de leurs ascendants. La CNIL ne s'oppose plus au traitement et à la diffusion de telles données par l'INSEE. Cependant, cela n'a pas été fait. Or, comment progresser si l'on ne sait même pas mesurer l'ampleur du défi ?

À l'inverse, on ne préconisera pas des formules privilégiant le traitement religieux de l'intégration. Il est légitime et nécessaire pour la République de faciliter l'établissement d'instances représentatives des musulmans de France, comme cela existe pour les autres religions monothéistes. C'est ainsi que le gouvernement a établi en 2003 le Conseil français du culte musulman, dont les membres sont élus par quelque 4 000 représentants de près de mille mosquées et lieux de prière. Mais il n'existe aucune raison de conférer à de telles instances une vocation représentative plus large risquant d'accentuer la communautarisation du champ public. Les « beurs » comme leurs concitoyens « de souche » ne forment pas, pour autant que l'on puisse en juger à travers les sondages d'opinion, une communauté dont le principal référent soit religieux, même si on a assisté ces dernières années à une montée des solidarités religieuses. Si une minorité de Français d'origine musulmane ou maghrébine s'identifie religieusement, tout comme c'est le cas pour certains Français de religion chrétienne ou juive, la majorité paraît aussi sécularisée et laïcisée que ne l'est la moyenne des autres Français. Attribuer à des clercs, fussent-ils des plus avisés, une aura de représentativité dépassant la sphère religieuse, serait un contresens contre-productif contraire à la pratique républicaine. Il faudra du temps, beaucoup de temps, pour que la France réussisse cette intégration, d'autant plus que celle-ci dépend aussi de variables d'ordre social qui ne jouent pas dans le bon sens depuis la fin des trente glorieuses. Avec un taux de chômage se situant autour de 10 % de la population active depuis vingt ans, la France est évidemment moins bien placée que les États-Unis, le Royaume-Uni ou la Suède pour mener à bien le chantier de l'intégration. Cependant, l'effort est absolument vital, bien plus encore qu'il ne l'avait été pour les États-Unis des années 1960, qui en avaient pourtant fait le sujet numéro un de politique intérieure. Les 10 % d'« allogènes » doivent non seulement devenir un élément de dynamisme de notre société, qui en a bien besoin ; mais leur intégration aura aussi des conséquences matérielles sur la vision que les peuples du monde arabe ont de la France. Une France apaisée, dans laquelle l'Islam serait chez lui, ni plus ni moins que les autres religions, ne pourra guère être diabolisée aux yeux des populations du monde arabe.

La France au cœur d'un nouveau partenariat transatlantique ?

La même approche sera préconisée ici, en ce qui concerne les relations franco-américaines, avec l'avantage qu'il n'y a pas besoin en la matière de mobiliser des efforts budgétaires et réglementaires. Cependant, nous ne maîtrisons naturellement pas l'attitude des États-Unis, et c'est un euphémisme que de faire valoir que l'administration Bush renouvelée ne se prêtera pas de bonne grâce à une redéfinition des relations transatlantiques promue par la France.

La tâche sera d'autant moins aisée que notre quant-à-soi par rapport à la politique américaine nous a valu quelques bénéfices. À l'intérieur du pays, cette attitude nous a permis de marquer notre différence et aussi de nous valoriser psychologiquement et politiquement. Il y a quelque chose de gratifiant quand le pays le plus puissant du monde vous prête une attention, fût-elle inamicale, qui n'est normalement pas réservée à plus petit que soi. La crise irakienne a été l'expression la plus achevée de ce type de situation, se traduisant par le soutien massif des Français à la politique de leur gouvernement. Vers l'extérieur, les fruits de cette politique ne sont pas négligeables. Nous existons au Conseil de sécurité pas seulement sur le papier mais dans la réalité : nous avons pu, pendant la crise irakienne, empêcher les États-Unis d'obtenir le soutien qu'ils recherchaient à obtenir avec vigueur. Surtout, notre distance par rapport à Washington nous vaut une réelle popularité dans le monde arabe – d'après les sondages d'opinion, le président Chirac y est le dirigeant étranger le plus populaire – y rendant par ce biais plus difficile un rejet global de l'Occident. Le schisme d'Occident a cet avantage-là, qui n'est pas négligeable.

Cependant, ces arguments ont des limites étroites. La valeur de nuisance n'est pas une valeur en soi, de même qu'adhésion de circonstance ne vaut pas politique durable. Le front de refus animé par la France en février 2003 au Conseil de sécurité ne signifie pas que nous nous trouvions au cœur d'un « multipole » stable face aux États-Unis. Ni la Russie, ni la Chine, ni l'Inde, ni des États moins considérables, ne subordonnent dans la durée leur relation bilatérale avec Washington sur l'autel d'une multipolarité au centre de laquelle se trouverait notre aimable Hexagone.

Par ailleurs, la France a suscité une inimitié large et durable aux États-Unis. En mai 2000, 43 % des Américains considéraient la France comme un allié fidèle (et 41 % comme un allié pas toujours fidèle) ; 7 % seulement la considéraient comme un adversaire. En mai 2004, 24 % des Américains voient en la France un adversaire, contre 13 % seulement pour qui elle est un allié fidèle (58 % la considérant comme un allié pas toujours fidèle). Si 42 % des Américains continuent à avoir plutôt de la sympathie pour les Français, le chiffre était de 50 % deux ans auparavant ; et pour 42 % d'entre eux, le sentiment est celui de l'indifférence, 15 % exprimant leur antipathie[3].

Cependant, une tentative constructive de rapprochement bénéficierait aussi de quelques circonstances favorables. Le calendrier d'abord : une élection présidentielle américaine, quel que soit le vainqueur offre toujours l'occasion d'un nouveau départ. Surtout, les responsables de l'administration Bush, suivant en cela leurs concurrents démocrates, ont fini par se rendre compte que dans certains domaines ou en certaines occasions, il était préférable de ne pas systématiquement s'aliéner leurs alliés, fussent-ils européens, voire français. Par ailleurs, la toile de fond stratégique rend opportune la recherche d'un nouveau mode opératoire transatlantique, l'OTAN ne suffisant clairement pas à la tâche. Dans ces conditions, une initiative française dans ce domaine, partagée avec nos principaux partenaires européens – l'Allemagne et le Royaume-Uni notamment, mais aussi la Pologne – pourrait avoir quelque résonance. La création d'un secrétariat permanent entre l'Union européenne et les États-Unis, évoquée plus haut, pourrait être une des clés de cette approche nouvelle.

Le contexte européen est au demeurant favorable à la définition d'une nouvelle approche des relations transatlantiques. La France comme le Royaume-Uni ne sont plus prisonniers de leurs grands choix stratégiques contradictoires fixés après la crise de Suez de 1956. Le « Suez américain » qu'est l'aventure irakienne a eu des conséquences porteuses d'avenir pour la relation franco-britannique : Londres a appris que le prix à payer à suivre les États-Unis en toutes circonstances était devenu excessif, notamment en termes de relations avec la « vieille Europe » ; et Paris sait combien a été lourd en termes de division de l'Europe le coût de son opposition, par ailleurs justifiée, à la guerre d'Irak. Pour les Britanniques, il y a des chances pour que le chemin vers Washington passe d'abord par la délibération entre partenaires de l'Union européenne, alors que jusqu'à présent, c'était l'ordre inverse qui était suivi. Du côté français, il y aura sans doute une incitation plus grande à convaincre les partenaires européens avant de se lancer à l'assaut de la forteresse américaine après les dégâts collatéraux de la crise franco-américaine de 2003... Par ailleurs, l'Allemagne s'est « émancipée », pour reprendre l'expression du Chancelier Schröder, par rapport à la stratégie américano-centrée de l'Allemagne de la guerre froide, cependant que les nouveaux États membres, et plus spécialement la Pologne, sont désormais copropriétaires de l'Union, alors que pendant la crise irakienne ils en étaient des critiques extérieurs d'autant plus virulents qu'ils étaient sommés de se taire.

Hegel évoquait les ruses de la Raison d'une histoire qui s'avance masquée. Nous vivons une période particulièrement riche en ruses réelles ou potentielles. Le militantisme démocratique des néoconservateurs américains aura fait prospérer les pires ennemis de la démocratie dans le monde arabe et musulman ; la toute-puissance des armes américaines dans les guerres d'Afghanistan et d'Irak aura surtout souligné les limites de la puissance militaire en général et des États-Unis en particulier. À l'inverse, les terroristes d'Al Qaïda, tenants d'une interprétation aussi rétrograde que mortifère de l'Islam ont peut-être créé les conditions de crise qui amèneront le Moyen-Orient et la communauté des croyants tout entière à aborder de front la nécessité d'une modernisation qui n'a que trop tardé.

La France, pour sa part, pourrait elle aussi avancer, sinon masquée, du moins en s'appuyant sur les réalités du moment pour en faire des forces. Difficultés d'une intégration de la jeunesse d'origine maghrébine débouchant sur une France plus tolérante, plus mobile, plus dynamique, à l'image de ceux dont il convient de favoriser l'ascension sociale. Sortir des schémas de la guerre froide, à travers une politique française d'autant plus libre de ses mouvements aujourd'hui, qu'elle a montré pendant la crise irakienne qu'elle n'a d'ordres à recevoir de personne. Si l'Occident unique de la guerre froide n'est plus, le temps des Occidents multiples peut aussi être celui d'une relation transatlantique régénérée.

NOTES

Introduction

1. Samuel Huntington, *Le Choc des civilisations*, Paris, Odile Jacob, 1997 et 2000. L'expression était née sous la plume de l'islamologue américain Bernard Lewis au lendemain de la crise de Suez.

2. Francis Fukuyama, *La fin de l'histoire et le dernier homme*, Paris, Flammarion, 1992.

3. *Cf.* Robert Kagan, *La Puissance et la Faiblesse*, Paris, Plon, 2003.

4. « The National Security Strategy of the United States of America », The White House, September 2002.

5. *Cf.* sur ce thème, Simon Serfaty, *La Tentation impériale*, Paris, Odile Jacob, 2004.

Chapitre I. – L'avènement de l'hyperterrorisme

1. « Rapport de la Commission du 11 septembre », Commission nationale sur les attaques terroristes contre les États-Unis, Sainte-Marguerite, Éditons des Équateurs, 2004.

2. Un quatrième appareil fut détourné sur l'aéroport du Caire où il fut détruit, cependant que le détournement d'un cinquième avion (d'El Al) fut efficacement contré par l'équipage.

3. Pour un traitement spécifique de cet aspect des choses, voir F. Heisbourg, *Hyperterrorisme : la nouvelle guerre*, Paris, Odile Jacob, 2001.

4. Dominique Lapierre et Larry Collins, *Cinquième Cavalier*, Paris, Robert Laffont, 1980.

5. Dominique Lapierre et Larry Collins, *New York brûle-t-il ?*, Paris, Robert Laffont, 2004.

6. Ted Kaczynski, professeur de mathématiques formé à Harvard, connu sous le sobriquet de « Unabomber » frappa de 1978 à 1997, tuant trois personnes, et blessant 23 autres, avec des colis piégés, au nom de la lutte contre le progrès technologique.

7. La liste mise en œuvre s'était arrêtée avec l'arrestation des responsables, à la lettre « B » après deux assassinats (René Audran, George Besse) et plusieurs tentatives de meurtre (notamment contre MM. Brana et Blandin).

8. *Cf. Strategic Survey 2003-4*, Londres, International Institute for Strategic Studies, 2004.

9. *Cf.* « Black Dawn – Scenario-Based Exercise », Brussels, Belgium, May 3 2004, CSIS/NTI (consultable sur www.csis.org).

10. « Weapons of Mass Disruption », *The Scientific American*, November 2002.

Chapitre II. – Comment les États-Unis ont perdu le Moyen-Orient

1. Présentée dans un ouvrage qui se serait quand même vendu à 300 000 exemplaires en France.

2. *What the Saudi public really thinks*, Nawaf Obaid, Tharwa Net Watch, June 24, 2004.

3. Sondage Zogby, « Arab Attitudes towards Political and Social Issues, Foreign Policy and the Media », A Public Opinion Poll by the Anwar Sadat Chair at the University of Maryland, mai 2004.

4. En quatre jours, 1 496 Américains et Britanniques furent tués dans les combats avec les forces de Vichy.

5. *Cf.* Avner Cohen, *Israel and the Bomb*, New York, Columbia University Press, 1998.

6. Australie, Canada, États-Unis, Nouvelle-Zélande, Royaume-Uni.

7. Discours sur l'État de l'Union, 21 janvier 1980.

8. 1 million de barils-jour (mbj) est l'équivalent de 50 millions de tonnes de pétrole par an.

9. Le rôle des services de renseignement français fut majeur ici avec l'« affaire Farewell » (1981-1983).

10. Entretien, *Nouvel Observateur*, 15-21 janvier 1998.

11. Voir Dan Briody, *The Iron Triangle : Inside the Secret World of the Carlyle Group*, New Jersey, John Wiley & Sons, 2003.

12. Du nom de Muhammad Ibn Abd Al Wahhab (1703-1792), prédicateur qui créa les conditions d'une première unification de l'essentiel de l'Arabie Saoudite avec la prise de La Mecque en 1803 (reprise par les Ottomans en 1818 et conservée par eux jusqu'en 1918).

13. Robert Woodward, *Plan d'attaque*, Paris, Denoël, 2004.

14. *Cf.* William Kristol et Lawrence Kaplan, *Notre route commence à Bagdad*, Paris, Saint-Simon, 2004.

15. Pierre Hassner, « États-Unis : l'empire de la force ou la force de l'empire », IES, *Cahiers de Chaillot*, n° 54, septembre 2002.

16. « Le rapport sur le développement humain dans le monde arabe » (versions de 2002 et 2003), Programme des Nations unies pour le développement (PNUD).

Chapitre III. – Le grand schisme d'Occident

1. *Cf.* Philippe Roger, *L'Ennemi américain : généalogie de l'anti-américanisme français*, Paris, Le Seuil, 2002.

2. Plus exactement sa version américaine, *superpower*.

3. Plus exactement, le Conseil d'assistance et d'entraide économique mutuelle.

4. D'après le traducteur de Staline, cette décision fut soutenue par le dictateur soviétique (qui récusa Genève), afin que les États-Unis ne soient pas tentés de se soustraire à la nouvelle organisation, ainsi qu'ils le firent en 1919 vis-à-vis de la SDN genevoise.

5. Après la victoire de la révolution communiste en Chine (1949), l'URSS avait refusé de siéger au Conseil de sécurité tant que la Chine y serait représentée par le gouvernement de Chiang Kai-shek (de fait, la Chine communiste n'y siégea qu'à partir de 1971).

6. Qui adopte alors la résolution 688 le 5 avril 1991, autorisant l'intervention au Kurdistan irakien.

7. *Cf.* les sondages du Chicago Council on Foreign Relations qui posent régulièrement la même question au fil des décennies.

8. Titre de l'éditorial de J.-M. Colombani, *Le Monde*, 13 septembre 2001.

9. René Dumont, *L'Afrique noire est mal partie*, Paris, Le Seuil, 1962.

10. « Nous mettrons au défi la pauvreté et le désespoir et la manque d'instruction et la mauvaise gouvernance qui permettent trop souvent que s'installent les conditions dont les terroristes peuvent s'emparer et qu'ils peuvent retourner à leur avantage. » (22 mars 2002.)

Chapitre IV. – Choix de société

1. « Research for a Secure Europe », *Report of the Group of Personalities in the field of Security Research*, European Commission, Office for Official Publications of the European Commission (*www.Publications.eu.int*), 2004.

2. Notamment Martin van Creveld, *La Transformation de la guerre*, Paris, Le Rocher, 1998.

3. Jacques Duquesne, « Un témoignage inédit », *L'Express*, 30 novembre 2001.

Chapitre V. – Passages obligés pour une politique étrangère

1. Richard Clarke, *Contre tous les ennemis : au cœur de la guerre américaine contre le terrorisme*, Paris, Albin Michel, 2004.

2. « Chantier sur la lutte contre le racisme et l'antisémitisme », rapport présenté par Jean-Christophe Rufin, remis à monsieur le ministre de l'Intérieur, de la Sécurité intérieure et les Libertés locales, le 19 octobre 2004 (www.interieur.gouv.fr).

3. Jean-Claude Milner, *Les penchants criminels de l'Europe démocratique*, Paris, Verdier, 2003. Y figurent des mots plus durs que ceux employés ici.

4. Élaborées par exemple dans le cadre de l'Organisation aéronautique civile internationale (OACI).

5. Pour un examen plus détaillé de ces liens, *cf.* Bruno Tertrais dans *Annuaire stratégique et militaire 2004*, Fondation pour la Recherche Stratégique, Paris, Odile Jacob, 2004.

Conclusion

1. *Cf.* la mise en correspondance opérée par Gilles Kepel dans *Fitna/Guerre au cœur de l'Islam*, Paris, Gallimard, 2004.

2. Il n'existe pas de statistiques fines dans ce domaine, le recensement de la population en France ne comportant pas d'indication d'appartenance religieuse ou ethnique.

3. Sondages SOFRES/French-American Foundation publiés dans le *Journal du Dimanche*, 6 juin 2004.

INDEX

TABLE

Du même auteur

La puce, les hommes et la bombe (avec P. Boniface), Paris, Hachette, 1986.

Les volontaires de l'an 2000 : pour une nouvelle politique de défense, Paris, Balland, 1995.

The Future of War, Londres, Orion, 1997.

Hyperterrorisme : la nouvelle guerre (avec la Fondation pour la Recherche Stratégique), Paris, Odile Jacob, 2001 et « Poches Odile Jacob », 2003.

Cet ouvrage a été imprimé par

FIRMIN DIDOT

GROUPE CPI

Mesnil-sur-l'Estrée

pour le compte des Éditions Odile Jacob
en janvier 2005

CET OUVRAGE A ÉTÉ COMPOSÉ
ET MIS EN PAGE PAR FACOMPO (LISIEUX)

N° d'impression : 71706
N° d'édition : 7381-1570-X
Dépôt légal : janvier 2005
Imprimé en France